착취 없는 세계를 위한 생태정치학

착취 없는 세계를 위한 생태정치학

사회적 생태론과 코뮌주의 선언

초판 1쇄 펴낸날 2024년 8월 20일

지은이 머레이 북친	**편집** 이정신 이지원 김혜윤 홍주은
옮긴이 서유석	**디자인** 김태호
펴낸이 이건복	**마케팅** 임세현
펴낸곳 도서출판 동녘	**관리** 서숙희 이주원

만든 사람들
편집 홍주은   디자인 김태호

인쇄 새한문화사   종이 한서지업사

등록 제311-1980-01호 1980년 3월 25일
주소 (10881) 경기도 파주시 회동길 77-26
전화 영업 031-955-3000 편집 031-955-3005 전송 031-955-3009
홈페이지 www.dongnyok.com 전자우편 editor@dongnyok.com
페이스북·인스타그램 @dongnyokpub

ISBN 978-89-7297-128-3 (03300)

• 잘못 만들어진 책은 구입처에서 바꿔 드립니다.
• 책값은 뒤표지에 쓰여 있습니다.

착취 없는 세계를 위한 생태정치학

Social Ecology
and Communalism

**사회적 생태론과
코뮌주의 선언**

머레이 북친 지음
서유석 옮김

동녘

일러두기

1. 본문의 굵은 서체는 지은이가 강조한 부분이다.
2. 본문 중 독자의 이해를 돕기 위해 옮긴이가 덧붙인 설명에는 대괄호([ ])를 사용했고, 옮긴이가 단 주에는 '―옮긴이'라고 표시했다.
3. 본문에 언급된 단행본·잡지·신문에는 겹화살괄호(《 》)를, 단편·논문·기사·법·노래 등에는 홑화살괄호(〈 〉)를 사용했다.
4. 본문에 언급된 도서 가운데 국내에 출간된 것은 번역서명으로 표기했다.
5. 인명과 지명은 관행상 굳어진 경우를 제외하고는 국립국어원의 외래어 표기법을 따랐다.

서문

데비 북친 Debbie Bookchin
머레이 북친의 딸·저널리스트

지난 20년 동안 기후·생태위기는 급속히 악화되었다.
기후·생태위기에 대한 기존의 비관적 전망조차 무색해졌다.
얼마 전만 해도 지구온난화, 각종 환경오염, 석유 자원 고갈
등의 문제가 다음 세기 언젠가에 심각한 상황을 초래할
것이라고 걱정했으나 이제는 상황이 달라진 것이다.
기후·생태위기는 바로 금세기의 절박한 문제, 긴급히
해결해야 할 사안이 되었다. 여기에 더해 제3세계 국가의
생활수준은 심각하게 열악해지고 선진국 내부의 빈부격차는
심해지는 등 사회적 혼란과 부정의injustice 문제도 확대되고
있다.

　　날로 심각해지는 기후·생태적, 사회적 위기에 대한

기존의 대응 방식은 두 가지였다. 하나는 개량주의적 접근이고 다른 하나는 케케묵은 과거의 급진 철학에 기초한 독단적 정치학이다. 점진적 개량주의는 그 의도가 아무리 좋아도 사회의 밑바닥에서 기후·생태위기를 야기하는 사회구조의 동학을 제대로 다루지 못하고 있다. 전통적인 급진 사상 역시 빛나는 사회주의 유토피아로 갈 것인지 아니면 야만 사회로 전락할 것인지의 선택만을 종용하며 과거 사회주의 좌파의 역사적 오류들을 애써 무시했고, 결과적으로 많은 청년들이 이 노선에서 이탈해 점점 더 공상적인 정치철학에 몰두하게 만들고 있다. 결국 인류가 이러지도 저러지도 못하는 사이 말 못하는 자연 세계만 등골 오싹한 정적 속에서 희생양으로 떨어져 사라질 위기를 맞고 있다. 인간 정신은 부식되고 세계를 이성적, 생태적으로 재구성하려는 모든 영웅적인 의지도 사라지고 있다.

머레이 북친은 우리 앞에 임박한 생태적, 사회적 파국을 직시하고 단호히 행동에 나서자고 촉구한다. 그가 우리에게 촉구하는 행동의 길은 점진적 개량의 길이 아니다. 또 한물간 노동계급 중심의 마르크스주의나 급진적 개인주의를 강조하는 아나키즘의 길도 아니다. 그가 말하는 길은 개량주의나 기존의 급진 철학을 넘어서는 다른 길이다.

이 책에 실린 네 편의 글은 북친이 주장하는 바로 그 길에 관한 것이다. 북친은 이를 '사회적 생태론과 코뮌주의'라고 명명한다. 이 새로운 해방 철학은 급진적이다. 하지만 기존 정치철학의 독단론은 배격한다.

북친은 70여 년 동안 급진 운동가로서, 또 급진 이론가로서 활동한 끝에 그가 '코뮌주의'라 부르는 사상에 도달한다. 이 사상은 과거 급진 정치학에 내재하던 가장 해방적인 경향들을 종합한 것이다. 그는 일찍이 아홉 살에 뉴욕시의 공산주의 청년 조직인 미국청소년개척자Young Pioneers of America에 가입할 정도로 조숙했다. 그때부터 평생을 다양한 사회주의 조직 활동과 연구로 일관했다. 1950년대 후반에는 심각한 생태파괴 문제를 사회문제의 한 양상으로 이해한 최초의 급진 사상가가 된다. 이와 관련해 북친은 〈생태론과 혁명 사상Ecology and Revolutionary Thought〉(1965)을 비롯한 일련의 글을 발표하는데 그중 대표작은 1982년에 발표한 《자유의 생태론The Ecology of Freedom》이다. 이 책은 위계구조와 지배의 역사적, 인류학적, 사회적 근원에 대한 연구로, 그것들이 인간과 자연의 관계에 어떤 영향을 미쳤는지 추적한 책이다.

그 책의 서문에서 북친은 다음과 같이 말한다. "인류의 긴 역사는 한쪽으로만 달려온 역사다. 인간 사회는 한편으로

창조적 기술을 성취해왔지만 다른 한편으론 늘 잠재적
파괴력을 동반했다. 이제 우리 시대의 중요한 과제는 다른 쪽
눈을 뜨는 일이다. 그래서 사물을 전면적으로 또 전체적으로
보아야 하며, 인류 문명의 초기부터 있어왔던 인간과 자연
간의 괴리를 좁히고 넘어서야 한다."

이 책에 실린 네 편의 글은 21세기 자본주의 사회를 규정하는
정치적, 경제적 심층구조를 어디서부터 어떻게 바꿔야
하는지에 대한 북친의 생생한 견해를 보여준다. 이 책은
북친의 정치철학에 대한 탁월한 소개서로, 성숙기 북친의
사상, 특히 국민국가의 억압적 권력에 맞서는 힘을 키우려면
어떤 구체적인 조직 형태가 필요한지에 대한 북친의 사유를
보여준다.
　　첫 번째 글 〈사회적 생태론이란 무엇인가〉에서 북친은
생태위기가 사회적 요인에서 비롯된 것임을 밝힌다. 북친은
생태파괴의 증상을 단순히 확인하는 것을 넘어 지배와
위계구조라는 사회관계가 인간과 자연의 관계에 어떤 영향을
미치는지 정확히 이해할 것을 촉구한다. 그의 주장에 따르면
자연을 인간의 착취 대상으로 보는 생각은 인간이 인간을
착취하는 사회 현실에서 비롯한 것이다. 따라서 생태위기는

지배와 위계구조에 근거한 사회관계를 폐지하고 그것을
해방적 관점에서 재구성해야만 극복할 수 있다.

두 번째 글 〈고도자본주의 시대의 급진 정치학〉은
21세기 자본주의의 본질을 해부하고, 기업과 국가의
점증하는 위세에 맞서는 대안 조직 운동의 필요성을
역설한다. 북친은 중앙정부의 횡포를 막기 위해서는
시민이 능동적으로 나서야 하며 특히 지역의 직접민주주의
제도들을 활용해야 한다고 강조한다. 그가 '리버테리언
지역자치주의'라고 부르는 이 구상은 중앙 권력의 힘에 맞설
수 있는 다양한 조직적 방안, 또 보통 시민들의 능력과 역할을
회복하고 강화할 수 있는 구체적 운동 방안을 제시한다.

세 번째 글 〈반동의 시대, 사회적 생태론의 역할〉은
자본주의가 인간의 마음과 사회적 삶 전반을 어떻게
식민화하고 있는지 분석한다. 북친은 기존의 여러
정치철학이 자유와 합리성에 관한 계몽주의의 이상은 포기한
채 그들만의 협소한 관심, 예컨대 동물의 권리라든가 영적
성장만을 강조하고 있으며, 그럼으로써 혁명과는 정반대의
길로 빠져들고 있음을 폭로한다. 그것은 그들이 애초에
반대하고자 했던 부르주아 정신세계를 오히려 강화하는
길이다. 이 간명한 글은 본래 1980~1990년대에 유행한

신비주의, 심층생태론, 포스트모던 상대주의 등을 겨냥한 것이었지만, 부르주아 사회의 변혁을 위해선 포괄적이고 단호한 혁명운동이 필요함을 역설하고 있다는 점에서 오늘날에도 여전히 중요한 의미를 갖는다.

마지막 글 〈코뮌주의 프로젝트〉는 20세기에 자본주의가 어떻게 변화해왔는지 분석하고, 이러한 변화를 고려할 때 사회변혁 운동의 성공을 위해서는 기존의 사회주의 이론이나 아나키즘 이론을 넘어서야 한다고 주장한다. 북친은 한때 아나키스트, 마르크시스트이자 생디칼리스트였던 자신의 경험에 기초해 이들 사상에 내재한 통찰을 종합하고 약점을 비판한다. 그에 따르면 결론적으로 21세기 혁명운동은 이런 정통 이론들orthodoxies을 넘어서야 하며 다른 무엇보다도 풀뿌리민주주의를 담아내야 한다. 그가 말하는 풀뿌리민주주의는 모든 개인이 자신이 속한 공동체의 의사결정에 직접 참여하고 나아가 국가 차원의 의사결정에 연방의 방식으로 참여하는 것이다.

20세기 가장 급진적인 생태 사상가 중 한 명인 북친 사상의 훌륭한 입문서인 이 책에서 북친은 지구를 살리기 위한 정치적, 사회적 변혁에 동참할 것을 절실히 호소한다. 아울러

우리가 어떤 정치적 전략으로 그 과제에 접근해야 하는지도
이야기한다. 그가 그리는 새로운 사회는 인간의 창조성을
고양하고, 그 어떤 힘에도 굴복하지 않는 자율의 능력을
극대화하며, 인간의 필요에 맞게 자연을 활용하면서도
합리적으로 관리해 다음 세대를 준비하는 사회다. 북친은
우리 인류가 이런 사회를 만들 능력이 있음을 끊임없이
상기시킨다. 북친의 주장대로, 사회를 변화시키고 인간과
자연의 관계를 근본적으로 변혁하는 일은 단순한 희망사항이
아니라 반드시 이뤄내야 하는 과업이다. 지구의 미래가 바로
거기에 달려 있기 때문이다. 북친이 어디에선가 경고했듯이
더 이상 다른 선택지는 없다. "불가능해 보이는 일에 지금
당장 착수하지 않으면 우리는 상상도 못 할 위기에 직면하고
말 것이다."

차례

사회적 생태론이란 무엇인가?

1993

사회적 생태론social ecology*은 오늘날의 생태문제 대부분이
뿌리 깊은 사회문제에서 비롯됐다는 확신에서 출발한다.
따라서 생태문제의 해결책은 물론이고 문제의 핵심에
올바르게 접근하기 위해서는 현대사회에 내재하는
비합리성을 세심히 이해하는 것이 필요하다. 물론
자연재해에서 비롯되는 생태문제도 있다. 하지만 오늘날
우리가 직면하고 있는 심각한 생태파괴의 핵심에는 대부분
경제적, 인종적, 문화적, 성적 갈등이 있다.

　　일부 환경운동가들은 환경문제를 단지 야생을

*　　'social ecology'는 그간 '사회생태론' 또는 '사회생태주의'로 번역되었다.
　　하지만 이 번역어들은 (자연생태의 대칭어로서의) 사회생태에 대한 이론을
　　연상시킨다는 점에서 아쉬움이 있다. 이 책에서는 '생태위기는 사회적 문제에서
　　비롯된다'는 북친의 의도를 잘 드러내기 위해 '사회적 생태론'으로 옮겼다. ─
　　옮긴이

보전하는 문제로 생각하고, 환경운동의 과제를 살아 있는 지구(가이아)의 통일성을 회복하는 일로 본다. 이들에게 사회적 생태론은 너무 사회학적인 접근이라는 인상을 줄 수 있다. 하지만 최근 벌어지고 있는 몇 가지 사태를 살펴본다면 이들의 생각도 달라질 것이다. 지난 20년 사이에 벌어진 대규모 기름유출 사건들, 열대 밀림과 온대 지역의 대규모 남벌, 사람이 사는 곳마다 넘쳐나는 거대 수력발전소 등 몇몇 사례만 봐도 지구 생태의 미래가 걸린 실제 전쟁터는 다름 아닌 사회적 전쟁터라는 것을 명확히 알게 된다. 생태문제는 다른 무엇보다도 인류 전체의 장기적 이해관계와 기업 권력의 이해관계 사이의 갈등에서 비롯된다.

생태문제를 사회문제로부터 분리하거나 둘 사이의 밀접한 관계를 경시하는 것은 점증하는 생태위기의 근원을 전반적으로 오도하는 결과를 낳는다. 요컨대 사회적 존재로서의 인간들 간 관계 방식에 대한 고찰은 생태위기를 다루는 데 핵심이다. 이 점을 명확히 깨닫지 못하면 '지배와 정복의 대상으로서의 자연'이라는 생각이 위계적 문화와 계급관계에서 비롯됐다는 사실을 바로 보지 못하게 된다.

오늘날의 시장 사회는 '성장 아니면 죽음'이라는 비정한 경쟁 원리를 축으로 한다. 시장 사회는 철저히 비인격적인,

스스로 작동하는 메커니즘이다. 이 점을 간과하는 이들은 엉뚱하게 다른 대상, 예를 들면 인구 증가나 기술을 생태위기의 주범으로 지목한다. 이윤을 목적으로 한 거래, 그칠 줄 모르는 산업 확장, 기업의 이해 증진과 진보를 동일시하는 태도 등이 곧 환경파괴의 '근원'이다. 그런데 시장 사회의 본질을 간과하는 사람들은 이 점을 무시하곤 한다. 한마디로 이들은 심각한 사회병리 자체가 아니라 사회병리의 **증상들**에만 주목할 뿐이고 그 결과 그들의 노력도 근원적 치유와는 동떨어진 피상적인 것이 되고 만다.

최근 사회적 생태론을 비판하는 일부 사람들은 그것이 사람들의 의식과 정신의 중요성을 제대로 다루어왔는지 의문을 제기한다. 그런데 사회적 생태론은 현대 생태운동이 출범한 초기부터 기존의 정신적 가치에 일대 전환이 필요함을 역설해왔다. 바로 자연에 대한 지배라는 기존의 관념으로부터 '상보성'이라는 원리로의 전환이다. 상보성의 원리에 따르면 자연 세계 내에서 인간이 맡아야 하는 역할은 창조적인 역할, 자연의 유지와 발전을 돕는 역할, 그리고 건강한 자연의 가치를 적극적으로 인정하는 역할이다. 사회적 생태론의 관점에서 진정한 '자연적[자연친화적]' 정신은 신비주의적 퇴행과는 무관하다. 그것의 초점은 해방된

인간의 능력, 즉 자연이 겪는 불필요한 고통을 경감하고
생태 복원에 참여하며 풍부하고 다양한 자연 진화의 가치를
인정하는 윤리적 행위자로서의 능력에 있다.

　　이처럼 사회적 생태론은 사회변혁을 위한 집단적 노력을
촉구하면서도 근본적으로 새로운 정신이 필요하다는 점을
간과한 적이 없다. 일찍이 나는 1965년 〈생태론과 혁명
사상〉에서 사회적 생태론의 기본 골격을 처음 공표할 때
다음과 같은 경고로 글을 끝맺었다. "이제 인간과 인간 이외의
생명체를 '우등'과 '열등'의 위계적 질서로 가르는 생각은
다른 세계관, 즉 상보성의 윤리에 입각해 다양성을 고려하는
생태적 세계관으로 대체되어야 할 것이다."[1] 상보성의
윤리에 따르면 인간은 비인간 존재를 보완하고 돕는 역할을
맡는다. 인간은 자신의 능력을 활용해 더 풍부한 전체,
창조적이고 발전하는 전체를 산출하는 역할을 해야 한다.
인간은 '지배하는' 종이 아니라 돕는 종이다. 사회적 생태론
문헌에 등장해온 상보성의 원리는 때로는 '자연 세계를
재정신화respiritization' 하는 것[자연 전체를 정신적, 영적 존재로 보는
입장]으로 묘사되기도 했다. 하지만 상보성의 윤리가 일종의
신학으로 오해돼서는 안 된다. 상보성의 윤리는 결코 자연
세계 위에 군림하는 신에 관한 신학, 혹은 자연 세계 내에서

신을 찾는 신학이 아니다. 영성spirituality에 대해 이야기할 때 사회적 생태론은 자연의 고유한 의미와 가치를 존중하는 **자연주의**의 틀을 벗어나지 않는다. 생태론이 생명과학에서 비롯됐다는 사실을 상기하면 이 말의 의미가 분명해진다. 사회적 생태론은 추상적 사변이 만들어낸 초자연적 세계나 범신론적 논의와는 무관하다.

　　생태운동의 다양한 조류 중에는 사회적 요인에 대한 분석보다 '생태계의 영성eco-spirituality'에 대한 논의*를 우선시하는 범신론자들이 있다. 과연 현실 파악 능력이 있는지 의심스러운 사람들이다. 시장이라는 맹목적인 사회 기제가 토양을 황폐화하고, 옥토를 콘크리트로 메우며, 공기와 물에 독극물이 넘치게 하고, 심각한 기후변화를 야기하고 있다. 공격적인 계층사회, 착취적인 계급사회가 자연에 가하는 피해들이다. 자연 세계의 미래는 개인적 차원의 정신적 갱생에 달려 있다기보다 어떻게 하면 기업, 국가, 관료제의 폐해를 줄이고 경제성장, 젠더 억압, 인종 지배 등이 인간과 자연 세계에 미치는 악영향을 줄이느냐에

---

*　　이는 99쪽의 '심층생태론'에 관한 설명을 참조하라. 뒤에서 언급되는 생태신비주의, 심령주의 또한 비슷한 맥락이다. —옮긴이

달려 있음을 알아야 한다. 오늘날의 생태위기에는 그것의
사회적 근원에 맞서 싸우는 집합행동과 사회운동이
필요하다. 인격적[인간적] 소비 운동, 투자 운동 등을 통해
해결될 일이 아니다. 소위 '녹색 자본주의'* 운동이 이런
논리를 펴는데, 따져 보면 녹색운동과 자본주의는 상호
공존이 불가능한 모순적인 개념이다. 수많은 기업이
친환경적으로 보이는 미사여구를 늘어놓는다. 하지만 이것은
소비자를 속이는 방책일 뿐이다. 기업은 이윤 창출을 위해
소비를 증대시킬 방법에만 혈안이다.

자연과 사회

생태주의를 제대로 이해하기 위해 자연과 사회에 관한
몇 가지 기본적인 문제부터 검토해보자. 먼저 자연 세계에
대해 생각해보자. **자연**은 과연 무엇인가? 그동안 자연에
대해 여러 가지 정의가 있었다. 그중 사회적 생태론과 밀접한
관련이 있는 한 가지 정의가 있는데, 이 정의는 이해하기가
좀 까다롭다. 왜냐하면 그 개념을 이해하기 위해서는 우리가

---

*   녹색 자본주의(green capitalism)는 자본주의 체제를 근본적으로 변혁하지
    않고도, 탄소세나 그린뉴딜 같은 정책을 통해 생태보존과 자본주의 체제의 유지
    모두가 가능하다는 주장이다. ―옮긴이

보통 가지고 있는 '선형적linear 사고방식'과는 다른 사고방식이 필요하기 때문이다. 이 '비선형적non-linear 사고', 다시 말해 유기적 사고방식은 분석적 사고가 아니라 발전적 사고이며, 어려운 말로 하면 도구적 사고가 아니라 변증법적 사고다. 이 사고방식은 자연 세계를 **발전 과정**developmental process으로 이해한다. 그러니까 보통 우리가 가지고 있는 자연관, 즉 자연은 산 정상에서 보이는 아름다운 전경과 같은 것, 엽서의 풍경 사진 같은 것이라는 상식적인 자연관과는 다른 사고방식이다. 우리의 상식적 자연관은 정적static 자연관이다. 산 정상에서 보이는 전경과 같은 이미지는 기본적으로 정적이고 움직이지 않는다. 경치를 바라볼 때 우리의 시선은 매 순간 특정 장면에 사로잡힌다. 하늘로 치솟는 매, 높이 뛰는 사슴, 낮게 엎드리는 코요테. 그런데 이때 우리가 목격하는 것은 그 대상의 물리적 동작에 대한 단순한 동학이고, 이것도 따지고 보면 눈앞 전경에 대한 정적인 이미지의 틀을 벗어나지 않는다. 이런 정적 이미지들 때문에 우리는 자연의 이런 순간들이 '영원하다'고 착각하게 된다.

그러나 비인간 자연은 그런 정적인 전경 이상의 것이다. 조금만 세심하게 살펴보면 우리는 자연이 기본적으로 진화한다는 것을 알게 된다. 자연은 아주 다양한 것을 산출해나갈 뿐 아니라 극적이기까지 한 발전 과정이며 영원히 변화하는 현상임을 알게 된다. 비인간 자연은 분명 진화하는 과정이자 진화의 **총체**다. 자연은 무기물에서 유기물로, 미분화된 단세포 유기체에서 다세포 유기체로 진화한다. 그리고 이 다세포 유기체도 처음에는 단순한 신경계를 갖지만 점차 복잡한 신경계를 갖추며, 일정 단계에 이르면 더 획기전인 선택을 할 수 있는 지적인 신경계를 갖는다. 최종적으로는 온혈 유기체로 진화하면서 열악한 기후 환경에도 적응하는 놀라운 유연성을 갖추게 된다.

비인간 자연의 이런 방대한 드라마는 여러 면에서 놀랍고 경이롭다. 자연 진화의 중요한 특징은 주체성과 유연성의 증대, 분화의 증대이다. 이를 통해 유기체는 새로운 환경이 초래하는 도전과 기회에 더 잘 적응한다. 그리고 생명체들, 특히 인간은 환경 변화에 단순히 적응하는 것을 넘어 환경을 자신의 욕구에 맞게 **변화시키는** 능력을 갖추게 된다. 다음과 같은 추측이 가능하다. 원자의 끊임없는 상호작용이 새로운 화학적 결합을 이루어 더 복잡한 분자들이 생겨났고, 여기서 다시 아미노산과 단백질이 형성되다가 적절한 조건 아래서 초보적인 생명체가 탄생했으며, 물질 자체의 이러한 잠재성은 무기적 자연inorganic

nature에 내재한다.* 또는 주체성과 유연성이 뛰어난 존재가
환경 변화에 더 잘 적응하는 것은 '생존경쟁'과 '적자생존'의
법칙에 의해 설명된다고 객관적으로 결론지을 수도 있다.
어쨌든 분명한 사실은 이런 진화의 드라마가 전개되고
있다는 사실이며 그 증거는 화석에 각인돼 있다. 비인간
자연은 이 기록, 이러한 역사, 발전 과정, 진화 과정 그
자체다. 이런 엄정한 사실을 무시하는 것은 현실 자체를
부인하는 것이나 다름없다.

　　비인간 자연이 단순한 전경이 아니라 내적으로
상호작용하는 진화 과정이라는 사실은 오늘날 생태문제에
관심 있는 사람들에게 윤리적으로나 생물학적으로 매우
중요한 의미를 갖는다. 최소한 잠재적으로라도 인간은
비인간 자연 발전의 특징을 구현한 존재다. 유기체 진화
과정의 분명한 산물인 것이다. 그런 이상, 인간은 "자연의
외계인"이므로 "그 어디에서도 환경 세계와 '함께' 진화할 수
없다"는 캐나다의 생태학자 닐 에번든Neil Evernden의 주장은

＊　　내 주장의 요지는 복잡성은 필연적으로 주체성을 산출한다는 것이 아니다.
　　복잡성 없이는, 특히 신경계 없이는 주체성을 상상할 수 없다는 이야기다.
　　인간은 자신의 욕구에 맞게 환경을 변화시키는 능동적인 행위자다. 인간의 이런
　　능력, 그리고 오늘날과 같이 환경을 통제하는 인간 진화의 단계는 매우 복잡한
　　뇌와 신경계를 빼놓고는 생각할 수 없다.

말이 안 된다.[2] 또 지구를 살아 있는 하나의 유기체로 보고 인간은 "지성을 갖춘 벼룩"에 불과하다는 가이아 이론가들의 주장도 말이 안 된다.[3] 인간과 자연 진화를 분리하는 이런 주장들은 설득력이 없으며 피상적이다. 그리고 이런 주장들은 잠재적으로 인간을 증오한다. 인간은 고도의 지성과 뛰어난 자기의식을 갖춘 영장류다. 하지만 아무리 뛰어나더라도 인간은 진화에서 벗어난 존재가 아니라 진화의 산물이다. 척추 생명체에서 포유 생명체로, 또다시 영장류로 이어져온 진화의 산물이며, 특별히 지성, 자기인식 능력, 의지, 지향성, 그리고 언어 또는 몸짓을 통한 표현 능력을 향해 달려온 의미심장한 진화의 산물인 것이다.

인간은 영장류 조상이나 포유류 일반과 마찬가지로 자연의 연속체에 속한다. 인간을 '외계인'이라 일컬으며 마치 인간이 자연 진화의 내력을 갖지 않거나 그것과 무관하다는 듯이 이야기하는 것, 또는 벼룩이 개와 고양이에 기생하듯 인간도 본질적으로 지구에 기생하는 침입자라는 식으로 설명하는 것은 잘못된 생태론을 넘어 잘못된 사고다. 애석하게도 윤리학자 대부분이 이런 식의 생각을 공유한다. 이런 사고방식은 자연이 발전한다는 것을 이해하지 못하며 무엇보다 인간과 비인간 자연을 엄격하게 구분한다. 만일

생태문제에 관심 있는 사람들이 비인간 자연을 '야생'으로
낭만화하고, 인간이 없는 야생의 자연만이 진정한
'자연'이라고 간주한다면 어떤 결과가 초래될까. 그렇게
생각하면 할수록 비인간 자연은 인간의 혁신 능력, 통찰 능력,
창조 능력과는 아무런 관계가 없는 제한되고 갇힌 영역이
되어버린다. 자연 속에서 새로운 것을 도모하고 미래를 위해
깊이 고민하며 창조적 역할을 하는 등 인간이 할 수 있는
역할을 도외시하게 되는 것이다.

실로 인간은 자연에 속할 뿐 아니라 오랜 자연 진화
과정의 산물이다. 인간의 어떤 활동은 극히 '비자연적인'
것처럼 보인다. 예를 들어 인간이 만들어 발전시킨 과학기술,
다양한 사회제도, 고도로 추상적인 의사소통 수단, 미적
감수성 등이 그렇다. 하지만 이런 행위도 인간의 여러
신체적 속성이 수백억 년의 과정을 통해 형성되지 않았다면
불가능한 일이다. 긴 진화 과정을 거쳐 형성된 대뇌, 인간의
손을 해방시켜 도구 제작과 식량 이동을 용이하게 해준
직립보행이 바로 그것이다. 여러 면에서 인간의 특성은
수 세대의 진화 과정을 거쳐 형성된 자연적 특성이 확장된
것이다. 상대적으로 긴 기간 동안 아이를 돌보고, 상호
협력하며, 본능적 행동 대신 지적 행위를 도모하는 것은 모두

분명히 인간만의 특유한 부분이다. 이런 인간적 특성이 더욱
발전해 고도의 노동과 통합되면 다양한 제도를 포괄하는
문화가 산출된다. 가족, 무리, 부족, 계층, 경제적 계급,
국가 등. 한마디로 끊임없이 변화해가는 일련의 '사회'가
만들어진다. 이런 점들은 분명 비인간 동물과는 달리
인간에게만 있는 고유한 특징이다. 인간의 이런 '사회적 삶'은
(유전적으로 프로그래밍된 곤충의 행동을 '사회적'이라 부르지 않는다면)
그 어떤 동물에게서도 찾아볼 수 없다. 실제로 인간 역사가
등장하고 발전해온 과정은 본능적 행동을 억제하고 이성적
행동의 영역을 만들어온 기나긴 과정 그 자체다.

인간은 언제나 생물학적 진화의 역사에 뿌리박고
있다. 이는 인간의 '제1본성first nature'이다. 또 인간은 그
특유의 사회적 특성을 만들어왔다. 이는 '제2본성second
nature'이라 불린다. 제2본성은 자연과 무관한 것이 아니다.
유기체가 진화하면서 만들어진 제1본성의 특별한 산물이다.
제2본성을 자연에서 삭제해버리거나 최소화하려는
사람들이 있다. 그런 사람들은 진화를 일면적으로 보며
자연 진화 자체의 창조성을 무시한다. 그들은 '진정한'
진화란 회색곰, 늑대, 고래와 같이 상대적으로 지능이 높고
우리를 즐겁게 하는 동물들에게나 일어나는 일이라고

생각하면서 인간을 자연과 무관한 **탈**자연적 존재로
바꿔버린다. 인간을 '외계인'이나 '벼룩'으로 취급하는 것은
이런 관점에서 비롯된다. 이들은 더 높은 주체성과 유연성을
향한 자연 진화의 추진력을 인정하지 않는다. 그래서
미국의 환경운동가 폴 셰퍼드Paul Shepard 같은 이는 인간을
진화 과정에 등장한 "별종freaking"이라고까지 묘사한다. 또
어떤 사람은 인간이나 딱정벌레나 '내재적 가치'에서 별
차이가 없다고 보면서 자연 진화에서 인간이 차지하는
독특한 위치에 대해 탐구하길 포기한다. 두 입장 모두 매우
당혹스러운데, 한 입장은 사회를 생물계로부터 완전히
분리시키고 다른 입장은 경솔하게도 인간 사회를 생물의
세계로 환원한다. 전자는 납득할 수 없는 이원론이며, 후자는
순진한 환원론이다. 세계는 인간이 쓰도록 **만들어졌다**는
유사 신학적 전제를 가진 전자의 이원론은 일종의
'인간중심주의'고, 생물 중심의 민주주의라는 무의미한
주장까지도 서슴지 않는 후자의 환원론은 '생물중심주의'다.

　　인간과 비인간 자연을 갈라 보는 태도는 곧 유기적
사고의 부재, 다시 말해 진화의 현상을 진화의 관점에서
사고하지 못함을 의미한다. 자연을 눈앞에 보이는 장면 같은
것으로 생각한다면 자연에 대해 체계적으로 사고하려는

노력은 불필요하다. 그저 그 장면을 비유적이고 시적으로 묘사하면 그만이다. 하지만 '자연의 실상은 곧 자연의 역사'이며 눈앞에서 진행되는 진화 과정 그 자체이다. 자연을 과정이 아닌 다른 것으로 보는 태도는 자연의 가치를 깎아내리게 된다. 결국 우리 눈앞에 '있는 것'은 '아직 없는 것[지금은 없지만 앞으로 가능한 것]'으로 항상 발전해나간다는 사실을 알아야 한다. 즉 자연은 과거와 현재에 걸쳐 다양하게 분화하면서도 공존하는 연속체를 따라, 더 풍부한 **전체성**wholeness의 새로운 가능성을 만들어가는 과정임을 인식해야 한다. 생물 중에서도 특히 인간은 끝없이 혁신해나가는 존재다. 인간의 능력은 그저 주어진 환경에 적응할 뿐인 협소한 능력이 아니다. 호주의 고고학자 고든 차일드Gordon Childe의 말처럼, "인간은 자신을 스스로 만들어나간다. 인간은 생존을 위해 유전적으로 결정된 존재가 아니다".

　　같은 이치로 우리가 과정적 사고, 유기적 사고, 변증법적 사고를 하게 되면 어떻게 생물계로부터 사회가 생겨났는지, 어떻게 제1자연first nature으로부터 제2자연second nature이 부상했는지 큰 어려움 없이 설명할 수 있다. 오늘날에는 생태적으로 중요한 사회적 쟁점들을 마치 회계사가 장부를 정리하듯이 비교하는 게 크게 유행하는 것 같다. 그래서 사람들은 서로 다른 두 종류의 문화적 사실을 병렬적으로 비교하곤 한다. 회계사가 줄 돈과 받을 돈을 병기하듯이 한쪽은 '구舊패러다임', 다른 쪽은 '신新패러다임'이라 적는다. 분명 '중앙집권' 같은 혐오스러운 항목은 '구패러다임' 아래 놓이고, '지방분권' 같이 호소력 있는 항목은 '신패러다임' 아래 놓인다. 별 깊이 없는 슬로건들의 목록이 만들어지고 '결산'의 결과는 절대 선과 절대 악의 대비가 된다. 이런 표는 보기에 좋고 한꺼번에 비교해놓은 만큼 눈에도 잘 들어온다. 하지만 예를 들어 '뇌에 좋은 음식' 하면 뭔가 좀 걸리듯이 이런 대조표도 뭔가가 부족하고 결함이 있다. 서로 다른 사회적 이슈들을 제대로 **알기** 위해서는, 그리고 해석을 통해 그 '의미'를 알아내기 위해서는 한쪽이 다른 쪽으로부터 어떻게 도출되었으며 전체 발전 과정에서 그것의 역할이 무엇인지 알아야 한다. 과연 '지방분권'은 무엇인가, 그리고 이것은 인류 역사 속에서 어떻게 '중앙집권'으로부터 비롯됨과 동시에 그것을 야기했는가? 재차 언급하지만 오늘날 생태문제를 다룰 때 이론적으로나 실천적으로 **방향** 감각을 갖추고자 한다면 우리는 과정적 실재를 이해하기 위해 과정적 사고라는 노력을 기울여야 한다.

문제의 성격이 유기적이고 발전적이라면 그 문제를 분석해서 해결책을 찾는 데에도 유기적이고 발전적인 사고가 필요하다. 사회적 생태론이야말로 오늘날 그런 사고를 추구하는 독보적인 사상일 것이다. 단일한 과정으로 보진 않더라도 자연계를 일종의 발전 과정으로 보는 관점이라면 필연적으로 유기적 사고를 하게 되어 있다. 비인간 자연으로부터 인간의 유래를 추적하는 관점도 마찬가지다. 이런 관점을 취하면서 우리는 생태 윤리의 발전에 필요한 중요한 결론들을 이끌어낼 수 있고, 이런 결론들은 이 시대의 생태문제를 해결하는 데 의미심장한 가이드라인을 제공한다.

사회적 생태론에 따르면 자연계와 사회는 하나의 자연이 두 개의 자연으로 분화돼온 진화 과정을 통해 서로 밀접히 연결되어 있다. 두 개의 자연이란 제1자연, 즉 생물학적 자연과 제2자연, 즉 사회적 자연이다. 생물학적 자연과 사회적 자연은 공통적으로 더 큰 주체성, 더 큰 유연성을 향해 나아가는 진화의 잠재력을 지닌다. 제2자연은 유연하고 매우 지적인 영장류인 인간이 자연계 속에서 거주하는 방식, 또 그것을 **바꿔나가는** 방식이다. 인간은 자신의 생존 방식에 가장 적합한 환경을 만들어나간다. 그런데 이 점에서 제2자연과 비인간 동물의 환경은 크게 다르지 않다. '모든'

동물이 자신의 능력을 활용해 환경에 적응하며 부분적으로는 그 환경을 만들어나간다. 단순한 단계에서는 인간이 하는 일이나 다른 동물이 생존을 위해서 하는 일, 예를 들어 비버가 댐을 만들고 두더지가 굴을 파는 일이나 근본적으로 별 차이가 없다.

하지만 인간이 만들어내는 환경 변화는 여타 동물이 만드는 변화와는 커다란 차이가 있다. 무엇보다 인간은 기술적 **선견지명**을 가지고 환경에 적응한다. 물론 그 선견지명이 생태계의 이상에 비추어 볼 때 문제가 있을 수 있지만 어쨌든 인간은 기술을 사용하는 것이다. 비인간 동물은 주변 환경에 단순히 적응하지만, 인간은 사고와 사회적 노동을 통해 환경을 개선한다. 인간은 필요와 욕구를 충족하기 위해 자연 세계를 변화시킨다. 그리고 인간이 자연을 변화시키는 것은 인간이 동물들 중 특별히 이상한 존재라서가 아니라 여러 세대를 거치면서 그렇게 행동하게끔 자연스레 진화해왔기 때문이다. 지식, 경험, 협동, 개념화 능력 등 여러 측면에서 인간의 문화는 풍부해졌다. 하지만 발전 과정에서 집단 간, 계급 간, 민족국가 간 그리고 심지어는 도시국가 간 갈등으로 인해 문화들 사이의 괴리가 야기되었다. 비인간 동물은 환경적으로 가장 적합한 장소에 산다. 또 그들의 행동을 이끄는 것은 주로 본능적 충동과 조건반사이다. 하지만 인간 사회는 여러 **제도**에 의해 '결속'되며 이 제도들은 세기를 거치면서 크게 변한다. 비인간 공동체의 공통된 특징은 변하지 않고 고정적이라는 데 있다. 그리고 정해진 리듬과 유전적으로 각인된 과정을 따른다. 하지만 인간 공동체는 상당 부분 이념적 요인의 영향을 받고, 그것에 의해 조건 지어진 변화 과정을 밟는다. 비인간 공동체가 유전적 요인에 근거한 본능적 요인의 결과라는 점과는 사뭇 다른 것이다.

결국 인간은 유기적 진화 과정을 통해 등장한 후, 생물학적인 생존 욕구로 인해 사회적 진화 과정을 밟게 된 것이다. 물론 이 사회적 진화 과정은 유기적 진화 과정에 긴밀히 연결되어 있다. 환경을 변화시킨다는 점에서 인간과 비인간 동물은 유사할 수 있다. 하지만 인간만이 생물학적 능력이 허용하는 최대치까지 환경을 변화시킬 수 있는 것은 인간의 지성, 의사소통 능력, 제도 조직 능력, 그리고 본능으로부터 어느 정도 자유로울 수 있는 능력 덕이다. 이런 능력에 힘입어 인간은 사회생활뿐 아니라 사회발전에도 관여한다. 인간이 본래부터 비인간 동물과 다르게 행동하는 존재라고 말하긴 어렵다. 또 인간이 본래부터 생태적인

측면에서 문제가 더 많은 존재인 것도 아닐 것이다. 다만
인간은 생물학적 발전에서 벗어나 사회적 발전으로 분기하는
과정에서 점점 더 그들 자신과 비인간 동물에게 해로운 길을
밟아왔다고 해야 할 것이다. 현대의 생태위기를 다룰 때도
결국은 이런 문제가 야기되는 방식이 무엇인지, 그것들이
불러들이는 이데올로기는 무엇인지, 그것이 생명의 진화를
촉진하거나 절멸한다면 그 정도가 어떤지, 지구 전체에
위해를 가하는 건 아닌지 하는 것들이 중요하다. 오늘날
제2자연은 인간의 잠재력을 온전하게 구현하지 못한다.
오히려 각종 모순과 적대, 이해의 충돌로 점철되고 있고, 이
갈등은 다시 인간 고유의 발전 능력을 왜곡하고 있다. 인간의
미래는 어떻게 될 것인가. 우리는 갈림길 앞에 서 있다.
하나는 생태계가 파괴되는 길이고, 다른 하나는 생태사회를
위한 투쟁의 길, 전적으로 새로운 환경친화적 사회를
만들어내는 길이다.

사회적 위계구조와 지배

생물학적 세계에서 사회적 세계는 어떻게 등장했는가?
처음에는 친족관계, 성별 구분, 연령 차이와 같은 생물학적
사실들이 상당히 평등하게 제도화되었다. 이것이 나중에

억압적인 계층, 더 나아가 착취적인 계급의 형식을 취하게
된 것이다. 선사시대 초기에 혈통이나 혈연은 가족의
유기적인 토대였다. 다시 말해 그것이 가족 집단을 무리나
씨족, 그리고 부족으로 묶어준 것이다. 혼인으로 이루어진
가족 또는 [혼인이나 출생으로 엮이지 않았지만] 사회적으로 공인된
가족을 통해 우리 조상의 초기 사회적 지평이 형성되었다.
다른 동물과 달리 인간은 긴 임신 과정을 거쳐 아이를
낳으며, 출생한 아이도 상대적으로 긴 기간 동안 보살핌을
받아야 한다. 이런 생물학적 사실들을 배경으로 친족들은
쉽게 결속되며 강한 연대감과 집단의식을 갖게 된다. 남자,
여자, 그리고 아이들은 이 안정적인 가족의 삶을 통해서
사회화된다. 이들은 서로에 대한 의무감을 느끼며 친밀감과
애정을 표현한다. 그리고 다양한 형태의 통과의례나 혼인
서약 등은 종종 이런 의무감과 친밀감을 신성한 것으로
만든다.

가족구성원이 아닌 사람들, 그리고 가족의 결합물인
무리나 씨족, 부족에 속하지 않은 사람들은 '이방인'으로
간주된다. 이방인들은 무리 속으로 포용되거나 노예로
전락하고, 경우에 따라선 죽기도 한다. 부족의 삶을 지배하는
규범mores은 오래전부터 별 생각 없이 지켜온 '관습'에

기초하고 있다. 우리가 '도덕'이라 부르는 것은 유일신 혹은 다신들의 규율이나 명령의 형태로 시작되었다. 다시 말해서 도덕적 믿음은 초자연적인 힘, 신비한 힘을 신성시함으로써 이루어졌다. '윤리학'이 등장한 것은 훨씬 후, 그러니까 고대 그리스인들이 합리적인 토론과 반성을 하면서부터였다. 맹목적 관습에서 계율의 도덕으로, 그리고 결국 이성적 윤리학으로 변천하게 된 과정은 도시가 등장하고 도시를 중심으로 코즈모폴리터니즘이 등장한 것과 궤를 같이했다. 물론 그렇다고 관습과 도덕이 사라지진 않았으며 영향력도 여전했다. 하지만 인류는 점차 혈연이라는 생물학적 장을 벗어나 사회적으로 조직되었고, '이방인'을 받아들이기 시작했으며, 민족이나 친족 집단이 아닌 인류 공동체, 시민 공동체의 관념을 형성하게 되었다.

이렇게 사회가 막 형성되는 시기에 이르면 인간의 다른 생물학적 특징들도 사회적인 성격을 띠게 된다. 대표적인 예가 연령 차이다. 초기 인류가 살던 시기에는 문자가 없었다. 따라서 집단 내에서 노인이 특별한 지위를 차지한 건 자연스러운 일이다. 그들만이 공동체의 전승된 지혜를 가지고 있었기 때문이다. 이 지혜 중에는 넓은 범위의 근친혼을 피하기 위해 꼭 알아야 하는 친족 계통에 대한 지식은 물론이고 집단 구성원 모두가 알아야 하는 생존 기술도 포함되었다. 그뿐만 아니라 남성과 여성의 '생물학적' 성차도 서서히 '사회적' 성격을 띠며 상호 보완적인 자매와 형제 집단을 이루게 되었다. 여성들은 나름의 관습, 신념 체계, 가치를 지키면서 먹을 것을 찾아 모으고 아이를 돌보는 집단으로 자리 잡았고, 남성들은 그들에 고유한 행동 방식과 규범, 이데올로기를 지니며 사냥하고 싸우는 집단으로 자리 잡았다.

이처럼 친족관계, 연령, 성별과 같은 생물학적 사실이 사회 속에 자리 잡은 과정을 살펴보면 그런 요인에서 비롯된 집단들이 처음에는 상보적인 관계였음을 쉽게 알 수 있다. 각자는 안정된 전체를 이루기 위해 상대를 필요로 했던 것이다. 따라서 일상생활 속에서 한 집단이 다른 집단을 '지배'하려 한다거나 위세를 부리려 하지 않았다. 그러다 시간이 흐르면서 생물학적 요인에서 비롯됐던 관계가 사회제도로 바뀌고 또 이 제도들이 여러 시기와 단계를 거치면서 점차 명령과 복종 관계를 의미하는 위계구조hierarchy로 변화했던 것이다. 물론 이런 역사적 경향은 신과 같이 신비한 힘에 의한 것이 아니다. 또 모든 문화가 똑같은 발전 과정을 겪은 것도 아니다. 원시 문화

혹은 문명을 어느 정도 발전시킨 문화권에서도 그렇지 않은 경우가 있다.

추측컨대, 위계구조의 초기 형태는 지금처럼 가혹한 형태는 아니었다. 노인이 지배하는 장로정치 초기에 연장자는 부족 구성원의 존경을 받았다. 그들은 지혜를 지니고 있었고 젊은 사람들과 연장자 사이에는 애정이 있었다. 그러다가 후기로 갈수록 장로정치는 가혹한 형태로 바뀌었다. 나이가 들수록 노인은 힘이 약해지고 공동체의 보살핌에 의존해야 한다. 평상시에는 관계가 없으나 물질적으로 궁핍한 때가 되면 이런 노인들은 그 누구보다도 먼저 버려질 위험에 처하기 마련이다. 장로정치가 가혹한 형태로 바뀐 배경에는 이런 사정이 있었다. 미국의 인류학자 폴 라딘Paul Radin이 지적하듯이, "심지어 단순 채집의 문화권에서도 연장자들(이를테면 50세가 넘은 사람들)이 일정한 권력을 행사하고 위세를 부렸음은 분명하다. 그리고 이 권력과 위세는 다른 사람의 권리나 공동체의 안녕을 위한 것이라기보다는 자신들만을 위한 것이었다."[4] 어쨌든 장로정치가 역사에 등장한 첫 위계질서라는 점은 오늘날 서로 동떨어져 존재하는 원시 부족들(호주 원주민, 동아프리카 부족사회, 아메리카 원주민 공동체) 모두에 장로정치가 존재한다는

사실로도 입증된다. 전 세계를 살펴보면 많은 경우 부족
회의는 장로(노인)들의 회의였다. 이 점은 이후 전사들의 사회,
족장이 지배하는 사회, 왕이 통치하는 사회가 등장한 뒤에도
완전히 사라지지 않았다. 심지어 오늘날 미국과 영국에서
시의원을 '올더먼alderman'이라 부르는 데에도 그 흔적이 남아
있다.

장로정치 이후에는 부계중심사회가 등장한다. 이제
남성적 가치, 남성의 제도와 행위양식이 여성적인 것
위에 서서히 군림하게 된다. 하지만 이것도 처음에는
원시적인 자연 세계에 묻혀 사는 생활의 유용한 부속물
정도였다. 문자 사용 이전의 원시사회는 작은 가족 중심의
공동체였다. 물질생활의 중심이 가정에 있었던 것이다.
이후 좀 더 발달한 부족사회에는 남성만 출입할 수 있는
장소가 광범위하게 등장한다. 이때가 되면 남성의 지배가
'가부장제', 즉 가장 가혹하고 억압적인 형태로 자리 잡는다.
가족과 무리의 외연이 확장되고 이 테두리 내에서 연장자
남성은 '모든' 구성원에 대한 생사여탈권을 갖는다. 그들은
여성들에게 결혼할 상대를 명령한다. 하지만 가부장의
지배가 여성들에게만 적용되거나 여성이 곧 가부장 지배의
표적이었던 것은 아니다. 딸과 마찬가지로 아들도 가부장의

명령대로 움직여야 하며 그러지 않을 경우 가부장의 변덕에 따라 죽을 수도 있었다.

남자 형제들의 '공적' 책임은 점차 커졌고, 그러는 가운데 남자 형제가 여자 형제보다 우위에 서게 되었다. 부계사회 내 남성의 권위와 특권은 긴 세월에 걸쳐 이런 과정이 빚어낸 산물이다. 그리고 그것은 때때로 미묘한 협상의 결과이기도 했다. 인구는 점차 증가했고 노략질을 하는 이방인 무리도 증가했다. 이방인들은 기근과 생활의 악조건 때문에 이리저리 옮겨 다녔고, 이들이 벌이는 전쟁과 갈등의 현장에선 늘 그렇듯 이런저런 피의 복수가 끊이지 않았다. 결국 이 모든 상황으로 인해 여성의 가내 영역과는 다른 새로운 '공적' 영역이 등장하게 되었고, 남성이 이 영역을 주도하면서 여성의 영역은 점차 위축되었다. 처음에는 여성이 먹을 것을 구했고 집 주변에서 소규모 농사를 지었다. 그러면서 여성은 식량의 공급자로서 공동체 내에서 나름의 문화적 우위를 점하고 있었다. 그런데 우경[소를 이용한 농사]이 등장하자 상황이 달라졌다. 우경은 '동물의 지배자'인 남성의 몫이었다. 남성의 우경은 여성의 원예 영역을 침범하게 되고 여성의 문화적 우위를 침식시켰다. 전사들의 사회와 족장이 지배하는 사회가 등장하면 남성 지배의 양상은 더 새로운 모습으로 바뀐다. 남성의 지배가 더욱 첨예해지는 것이다. 전사나 족장이 지배하는 세계에서는 남성 엘리트가 여성뿐 아니라 다른 계급의 남성까지 지배한다.

위계구조가 등장한 배경에는 명백히 이러한 요인들이 자리 잡고 있었다. 나이의 중요성 감소, 인구의 증가, 자연재해, 기술 발전(이에 힘입어 남성의 사냥과 목축이 여성의 가내 농사보다 우위에 서게 되었다), 시민사회의 성장, 전쟁의 확대 등. 이 모든 요인들이 작용하여 남성이 여성의 희생 위에 군림하게 된 것이다. 하지만 주의해야 할 점은, 아무리 억압적이라 하더라도 위계에 의한 지배는 계급 착취와 같은 것이 아니라는 사실이다. 나는《자유의 생태론》에서 다음과 같이 지적했다.

"(위계구조는) **제도화된** 사회관계다. 이 관계는 말 그대로 인간이 만든 것이지만 인간 본성의 산물은 아니다. 또 어떤 특이한 개인 때문에 비롯된 것도 아니다. 다시 말해 위계구조는 억압적인 특권층이 일정한 **사회적** 구조로서 존재함을 의미한다. 모든 공동체에는 지배자처럼 행동하는 사람들이 있다. 하지만 위계구조는 그런 개인적 특질을 일컫는 것이 아니다. 위계구조에는 사적 개인들 사이의 관계라든가 개인이 갖는 태생적 행위양식과는 다른 사회적 논리가 있다."[5]

이 위계구조는 노동착취에 기초한 경제적 관계로 환원되지 않는다. 실제로 많은 족장들은 권위 유지에 필요한 신망을 얻기 위해 부족원들에게 선물을 줬고 심지어는 자기 재산까지 나눠 주었다. 그들이 얻는 존경은 축적된 잉여가 가져다주는 권력에서 비롯된 것이 아니라 잉여를 분배하는 아량을 통해서였던 것이다.

계급의 작동 방식은 전혀 다르다. 계급사회에서 권력은 부의 적절한 처분을 통해서가 아니라 부의 **획득**을 통해서 확보된다. 또 통치자의 지위는 설득이 아니라 노골적인 물리적 억압을 통해 보장되며, 국가가 권위의 궁극적 보증인이 된다. 그런데 이러한 계급사회보다 위계구조가 역사적으로 더 뿌리 깊다는 사실을 알아야 한다. 계급사회에 변혁이 일어났다고 해도, 그 변혁이 아무리 경제적으로 평등주의를 지향했다고 해도 여성에 대한 남성의 지배는 수천 년 동안 그대로 존속해오지 않았는가. 같은 논리로, 설령 계급지배가 종식되고 경제적 착취가 사라진다 해도 정교한 위계구조와 지배 체계가 사라진다는 보장은 없다.

위계구조가 없던 역사 초기의 사회에는 인간 행동을
지도하는 아주 적절한 원리와 관습이 있었다. 초기의 관습
가운데 가장 중요한 것이 폴 라딘이 명명한 '최소한의
생활irreducible minimum'이라는 원리다. 이 원리는 공동체의
구성원이라면 기여한 노동의 양에 관계없이 생활수단을
누릴 자격을 주는 원리이다. 어떤 사람이 경솔한 짓을
했거나 병약하다고 해서 그에게 음식과 거처 같은 기본적인
생활수단을 주지 않는다면 이것은 삶의 권리를 박탈하는
가증스러운 행위로 간주되었다. 공동체의 유지에 필수적인
기본 자원들을 개인이 소유하지 못하게 한 것은 물론이다.
그 중요한 규율 중 하나가 '용익권'에 관한 원칙이다. 이는
어떤 집단이 사용하지 않는 생활수단을 그것이 필요한 다른
집단이 사용할 권리가 있음을 규정한다. 예를 들어 노는
땅, 노는 과수원, 심지어 사용하지 않는 도구와 무기까지도
그것을 필요로 하는 사람에게 사용이 허락되곤 했다.
마지막으로 '상호부조'의 풍습이 있다. 이것은 물건을 나누고
일을 함께 하는 실용적인 협력 활동이었다. 곤란한 처지에
있는 사람이나 가족은 쉽게 다른 이들의 도움을 기대할 수
있는 것이다. 전체적으로 이런 풍습들은 유기적 사회organic
society의 바탕으로 남아 있어서, 위계구조가 억압적인 모습을

띠고 계급사회가 전면화된 이후에도 면면히 존속해왔다.

자연 지배의 이데올로기

문자 사용 이전의 사람들에게는 '자연'이라는 일반
개념이 존재하지 않았다. 오늘날 자연은 생물과 관련된
환경이고, 인간은 그 자연에서 생존에 필요한 것들을
얻는다고 보통 생각한다. 하지만 옛 사람들은 그렇게
생각하지 않았던 것이다. 그들은 자연 속에 묻혀 살았다.
자연의 모든 것에 영靈이 깃들어 있다고 생각했으며 생명의
그물과도 같은 환경 속에서 그 영들에게 제사를 지냈다.
오늘날처럼 자연과 인간 사회를 구별하지 않았으므로 동물의
행위도 마치 인간의 일처럼 생각했다. 그래서 비버의 집을
'오두막집'이라 불렀고 인간과 비슷한 정령들이 숲속에
산다고 생각했다. 오늘날 원주민들의 언어에서도 우리가
보통 생각하는 '자연'에 해당하는 단어는 찾기 어렵다.

위계구조와 지배가 등장하면서 점차 자연은 인간
공동체와 구별되는 세계, 위계적으로 조직할 대상이자
인간에 의해 지배되는 대상이라는 생각의 싹이 심어졌다.
주술의 세계관이 변해온 과정에서도 이 점이 확인된다.
처음에는 주술적 세계관에서 자연과 인간이 분리되지

않았다. 그래서 주술사는 먹잇감이 화살이나 활의 방향으로 지나가게 해달라고 먹잇감 동물의 '우두머리 정령'에게 빌었다. 그런 정령은 공상의 세계에나 존재하는 환상의 존재인데도 말이다. 하지만 나중에 주술은 사냥의 수단, 먹잇감을 잡는 수단 그 자체로 자리 잡는다. 이후 사냥꾼은 동물을 억지로 몰아 먹잇감으로 포획하려 할 때 주술을 이용하게 된다. 초기 형태의 주술은 위계구조가 없는 평등한 공동체의 관행이었을 것이다. 그러나 시간이 흐르면서 주술과 애니미즘 신앙은 점차 자연계를 위계적 관점에서 바라보게 되었다. 또 인간이야말로 세상을 지배하는 잠재적 힘을 지닌 존재라고 믿었다.

자연을 지배해야겠다는 '생각'은 다름 아닌 인간에 의한 인간의 지배에 뿌리를 두고 있다는 점에 주목해야 한다. 인간 사회의 지배구조는 인간이 자연계의 존재들 또한 위계적인 연쇄 구조로 바라보게 만들었다. 이런 자연관은 역동적인 진화의 관점, 즉 생명계가 주체성과 유연성이 확대되는 방향으로 발전한다는 관점과는 아무런 관계가 없는 정적인 자연관이다. 성서에는 하느님이 아담과 노아에게 살아 있는 모든 것을 주며 알아서 처분하라 했다는 언급이 있다. 즉 인간에게 자연에 대한 통제권을 준다는 얘긴데, 이것은 이미

'사회'가 그렇게 변했음을 반영하는 것이다. 자연을 지배의 대상으로 간주하는 '자연 지배'의 관념은 계급과 위계구조가 없는 사회가 도래해야만 극복될 수 있다. 계급과 위계구조의 존재는 공사 영역에서 지배와 복종을 야기하고 세계를 착취의 대상으로 사물화한다. 이를 혁명적으로 재편하기 위해서는 태도와 가치관의 변화가 필요함은 물론이다. 하지만 이 새로운 생태적 가치와 태도라는 것도 실질적이고 객관적인 제도의 확립으로 뒷받침되지 않으면 헛된 것이다. 사람들의 구체적인 인간관계를 규정하는 구조를 변화시켜 그 태도와 가치가 실체성과 내실을 갖추어야 한다. 그리고 육아에서 노동과 놀이에 이르기까지 일상생활 전반의 변화가 뒷받침되어야 한다. 이런 제도적 변혁을 위한 노력이 뒤따르지 않는다면 새로운 생태적 태도와 가치를 운운하는 것은 공허한 외침으로 그칠 가능성이 크다. 경제적 계급이 존재하는 사회, 위계질서로 구조화된 사회가 종식되지 않는 한 우리는 지배로부터 자유로울 수 없다. 그런 사회의 종식 없이는, 이러저런 의식ritual이나 주문incantation, 생태신학, '자연적' 생활 방식이니 하는 것들로는 자유로워질 수 없다.

자연 지배 이데올로기의 역사는 위계구조 자체의 역사만큼이나 오래되었다. 그 점은 이미 《길가메시》나

《오디세이》에서 엿볼 수 있다. 4000년 전에 기록된 것으로 알려진 메소포타미아의 《길가메시》 서사시에서는 영웅 길가메시가 불멸을 추구하는 가운데 자연의 신들을 죽이고 그들의 신성한 나무를 베어버린다. 《오디세이》는 잘 알려졌듯이 영웅적이라기보다는 영리한 그리스의 전사 오디세이의 여행기다. 이 영웅 역시 방랑 중에 그리스 세계가 선조로부터 물려받은 자연신들을 정복한다. 한 가지 첨언하자면 모순적이게도 생태신비주의eco-mysticism와 심령주의spiritualism에 의해 올림포스 이전의 세계가 부활하고 있다. 어쨌든 현대 생태운동이 생태파괴의 주범으로 종종 언급하는 근대과학, '선형적' 합리성, '산업사회' 등이 등장하기 훨씬 이전부터 이미 위계적이고 계급적인 사회가 존재했으며, 이런 사회가 중국의 산허리는 물론이고 지중해 유역의 상당 부분을 황폐화하며 지구의 모습을 바꾸고 파괴해온 것이다.

분명 인간의 제2자연은 에덴동산을 만들지 못했다. 제1자연에 해를 끼쳤을 뿐이다. 인간은 자주 생물계에서 아름다운 것, 창조적인 것, 동적인 것을 강탈해왔다. 인간이 살인 전쟁, 인종학살, 기타 무자비한 압제와 억압 등을 통해 인간 생명 자체를 유린한 것은 더 말할 것도 없다.

사회적 생태론은 인간의 미래와 자연의 미래는 상호 밀접히 연관돼 있다는 점을 강조한다. 하지만 위계적이고 계급적인 사회가 자연에 끼치는 해악은 그런 사회가 인류에게 가하는 해악보다 크면 컸지 결코 적지 않다는 사실을 간과하지 않는다.

하지만 아무리 제2자연이 야기한 해악이 크다고 해도, 우리에게는 인류학적으로나 역사적으로 최소한의 생활, 용익권, 상호부조 등의 풍습이 존재해온 점을 잊어서는 안 된다. 이런 풍습은 여러 역사적 시기를 거쳐 지속돼왔다. 또 고대 수메르에서 오늘에 이르기까지 종종 민중 봉기의 형태를 통해 표면화되곤 했다. 이런 봉기는 엘리트주의와 계급의 압제가 거세질 때마다 공동체적 가치, 상호 배려의 가치 회복을 외치며 등장했다. 세상을 참혹한 전쟁터로 만든 군대가 있었고 상인들을 약탈하는 세관이 있었으며 농민과 노동자를 학대하는 감독관과 지배인이 있었지만, 그래도 공동체적 삶은 지속되었고 더 평등했던 과거로부터 이어받은 소중한 가치들은 지켜졌다. 고대의 폭군이나 중세의 봉건영주조차도 농촌 마을에 존재하던 좋은 풍습, 그리고 도시 수공업길드에 존재하던 가치들을 완전히 제거하기 어려웠다. 고대 그리스에는 철학적 사색과 제대로

된 정치를 위해 사치를 멀리해야 함을 역설하는 합리적
철학이 있었고 내핍과 금욕에 기초한 종교가 있었다. 이들은
물질적 재화에 대한 인간의 탐욕을 제어하고자 했다. 이런
분위기는 기술혁신의 속도를 조절해서, 새로운 생산수단이
등장하더라도 그것이 균형 잡힌 사회 속에 적절히 통합될
수 있도록 조정하는 역할을 했다. 중세에도 시장은 섣불리
몸집을 불리지 않는 지역 규모의 장터였다. 여기서 길드는
가격과 경쟁을 엄격히 통제했으며 조합원들이 만들어내는
상품의 품질에 대해서도 면밀하게 관리했다.

'성장 아니면 죽음'

그러나 위계구조와 계급구조가 사회 전반에 침투하자
시장 또한 생명력을 얻으며 소규모 지역을 넘어 여러 대륙
깊숙한 곳으로까지 영역을 확장했다. 도덕적, 종교적
제약이나 길드의 규제 아래서 주로 생활필수품만 거래하던
곳에 원거리 무역이 등장하자 그 한계가 없어져버렸다.
무역이 활성화되자 생산을 증대하는 각종 기술에 높은
가치가 매겨졌다. 그뿐만 아니라 무역은 새로운 욕구를
끊임없이 불러일으켰다. 이 욕구는 전적으로 인위적인
것들로서 소비 증대와 자본 증식의 결과를 가져왔다.

판매와 이윤을 위한 상품생산(즉 자본주의적 상품생산)은
북부 이탈리아와 북유럽 평원의 국가들에서 시작되어
17~18세기에 이르러 영국을 중심으로 급속하게 확대됐다.
그리고 상품생산은 시장의 성장을 방해하는 모든 문화적,
사회적 장벽을 제거해버렸다.

　　18세기 말~19세기 초에 이르면 신흥 산업자본가계급은
공장 시스템을 무기로, 그리고 무한 팽창의 욕망을 가지고
전 세계의 식민화 작업에 나선다. 봉건귀족이 땅과 성채를
소중히 여겼던 것과 달리 근대 부르주아계급에게는 시장과
금고만 있을 뿐 고향 따위는 필요 없었다. 부르주아계급은
세계를 공장 부지로 바꿔나갔다. 고대와 중세의 사업가는
이익이 생기면 그것을 토지에 투자했다. 당시는 상거래에서
얻은 이득을 '부당하다'고 보는 편견이 지배하고 있었기
때문에 이들은 토지소유자층gentry에 걸맞게 행동했다. 하지만
근대의 산업자본가는 치열한 경쟁을 본질로 하는 시장을
양산해냈다. 시장에서는 산업의 확대와 거기서 비롯되는
상권의 확대가 중요했다. 이제는 성장 그 자체가 목적이 된
것이다.

　　사회적 생태론의 관점에서 보면 세계관의 변화만으로
산업이 성장하지는 않는다. 과학적 합리성, 기술적 합리성

덕에 산업이 성장하는 것은 더더욱 아니다. 성장은 시장 자체가 만들어내는 요인들, 즉 **도덕적 고려나 윤리적 설득이 전혀 통하지 않는 객관적 요인들**에서 비롯된다. 물론 자본주의의 발전과 기술혁신 사이에는 밀접한 관계가 있다. 하지만 야만적이고 비인간적인 경쟁이 이루어지는 자본주의 시장에서 기업을 움직이는 가장 큰 힘은 경쟁에서 지면 끝이기 때문에 반드시 성장해야 한다는 바로 그 사실이다. 탐욕 역시 중요한 동인이겠지만 기업가로 하여금 생산설비를 확장하게 하는 직접적인 요인은 다른 사람과의 경쟁에서 앞서기 위함이다. 한마디로 말해서 자본가는 경쟁자를 잡아먹어야 한다. 그렇지 않으면 잡아먹히기 때문이다. 생존 법칙의 핵심은 확장이다. 확장을 통해 더 큰 이윤을 확보해야 한다. 또다시 투자해야 하고 더욱더 확장해야 한다. 한때는 진보가 인간적 협동과 배려의 확대를 의미했지만, 오늘날 진보란 무한한 경제성장과 경쟁의 확대를 의미한다.

생태위기의 원인을 사회적 위기에서 찾지 않고 문화적 위기에서 찾는 생태 이론가와 그 추종자들이 있다. 아무리 좋은 의도에서 시작했더라도 이런 접근법은 문제의 초점을 흐리고 상황을 오도한다. 기업가가 환경에 대해 개인적으로 아무리 좋은 생각을 가지고 있다 하더라도 시장경쟁에서 살아남기 위해서는 그 생각을 실천에 옮기는 것을 포기해야한다. 사업을 친환경적으로 꾸린다는 것은 곧 상대와의 경쟁에서 결정적인 불이익과 어려움에 처하게 됨을 의미한다. 왜냐하면 상대는 생산에 관한 친환경 지침이나 도덕적 고려 없이 오로지 이윤 증대와 자본 확장만을 목표로 최저임금 지불과 싼 상품 생산에 주력하기 때문이다. 시장에서의 생존 법칙은 명백하다. 시장의 치열한 경쟁에서 가장 뻔뻔스러운 자만이 정상에 오를 수 있다.

실제로 환경운동과 이데올로기가 생태파괴적 사회의 사악함을 훈계하며 우리의 생활 방식과 태도를 바꿔야 한다고 주장할수록, 사회적 행동의 필요성은 흐려지고 사회 변화를 목표로 하는 투쟁력도 약화되고 만다. 그러는 동안 기업은 친환경에 대한 대중의 욕구를 교묘히 이용하여 기업 이미지를 환경친화적으로 조작해낸다. 가령 메르세데스-벤츠의 두 쪽짜리 광고를 보자. 광고의 배경에는 구석기시대 동굴벽화의 들소가 그려져 있다. 광고 문구가 가관이다. "우리는 새 제품을 준비할 때마다 환경을 생각하면서 어떻게 하면 더 친환경적으로 지속가능한 발전을 이뤄낼 수 있는지 고민해야 하다."[6] 이런 광고 문고가 서유럽 최대의 오염 유발 국가인 독일에 일상화되어 있다. 이런 광고 조작은 미국에서도 마찬가지다. 앞서가는 오염 유발 기업들이 외쳐댄다. "매일이 지구의 날이다."

사회적 생태론은 도덕적 설득이나 정신적 갱생 등이 무의미하다거나 불필요하다고 보지는 않는다. 그런 것은 필요하고 또 교육적 의미도 있다. 하지만 현대 자본주의는 **구조적으로** 비도덕적이다. 도덕적 호소가 먹히지 않는 체제인 것이다. 현대 시장은 기업의 운전석에 어떤 경영자가 앉아 핸들을 잡고 있는지와 무관하게 시장 그 자체의 논리에 의해 움직인다. 시장은 윤리적 처방이나 개인의 성향에 의해 움직이는 게 아니다. 시장은 돈을 버느냐 잃느냐, 성장이나 죽음이냐, 잡아먹느냐 먹히느냐 하는 객관적인 법칙에 의존한다. '일은 어디까지나 일이다'라는 말이 있듯이 생산과 수익, 그리고 수익을 통한 성장만을 노리는 약육강식의 세계에서 윤리적, 종교적, 심리적, 정서적 요인은 설 곳이 없다. 이런 살벌하고 기계적인 시장의 세계에서 윤리적 호소의 방법으로 그 객관적 성질을 제거할 수 있다고 생각하는 것은 큰 착각이다.

'성장 아니면 죽음'이라는 만연한 법칙 위에 세워진 사회는 필연적으로 제1자연에 엄청난 충격을 가할 수밖에 없다. 여기서 '성장'은 인구 증가를 뜻하는 것이 아니다.

베이비붐세대의 생각과는 달리, 생태 순환의 최대 장애물은
세계의 산업 중심지들이다. 이 산업 중심지들이 물과 공기를
오염시킬 뿐 아니라, 온실가스를 유발해 만년설을 녹이고
지구의 수많은 지역에 홍수를 초래하고 있다. 어떻게든 세계
인구를 반으로 줄였다고 가정해보자. 그러면 생태파괴가
줄어들까? 아니다. 자본은 늘 하나면 족한 가전제품을 두세
개씩은 소유하는 게 '필수'라고 이야기한다. 게다가 군대는
매년 최신 모델의 살상 무기가 필요하다고, 그것도 점점 더
치명적인 무기가 필요하다고 역설하고 있다.

성장 아니면 죽음뿐인 시장에 의해 생산된 것이면 설령
그것이 '부드러운' 기술이라 할지라도 자본주의의 파괴적
목적에 이용될 수밖에 없다. 200년 전 영국의 숲 대부분은
청동기시대 이래 별 변화 없이 사용돼온 도끼로 벌채되어
용광로의 연료가 되었다. 또 19세기까지 전 세계로 상품을
싣고 나른 건 돛단배였다. 그뿐인가? 미국의 산림과 야생을
망가트리고 원주민을 학살하는 데 사용된 도구와 무기는
르네상스 시대 사람들의 그것과 별 다름이 없었다. 현대
기술은 중세 말기부터 진행돼온 과정을 **가속화**했을 뿐이다.
수 세기 동안 진행돼온 것을 두고 현대의 기술에만 책임을
물을 수는 없다. 그것은 다만 시장 체제가 야기하는 폐해를

가속화하고 있을 뿐이다. 문제는 점점 더 확대되는 시장 체제다. 이것은 상보성과 상호부조가 아니라 교환에 근거한 생산 분배 시스템의 등장이라는 커다란 역사적 변화에 뿌리를 두고 있다.

생태사회

사회적 생태론은 도덕적 갱생을 촉구하는 운동을 넘어선다. 사회적 생태론은 무엇보다도 생태적인 방향으로 사회를 재구성하길 촉구하는 운동이다. 사회적 생태론이 강조하는 것은 맹목적 시장 논리와 냉혹한 경쟁이 존재하는 한, 당사자에게 도덕적으로 호소하는 것만으로는 아무런 성과도 얻을 수 없다는 사실이다. 게다가 도덕적 호소에 몰두하는 운동은 마치 개인이 태도를 바꾸고 정신적으로 새로워지거나 유사종교적 갱생을 실현하면 생태사회가 달성된다는 식의 환상을 심어줌으로써 현실의 권력관계를 **흐리게** 만든다.

사회적 생태론은 새로운 윤리적 자세가 필요하다는 점을 염두에 두면서도 현 사회가 자연계에 가하고 있는 생태파괴를 막기 위해 제1자연에 대한 지배 이데올로기의 주관적 근원뿐 아니라 구조적 연원까지 추적한다. 다시

말해 사회적 생태론은 지배구조 전체(경제적 지배, 지배구조가
행하는 기술 남용, 지배의 행정 기구, 정치적 삶의 피폐화, 문화 발전의
중심지인 도시의 파괴 등)에 도전하는 것이다. 사회적 생태론은
인간 사회를 지배하면서 인간과 자연의 관계까지 왜곡하는
위계와 계급의 구조를 제거하고자 한다. 사회적 생태론은
인간이 생명계의 온전성integrity을 영원히 보존하는 것을
도와야 한다는 의미에서 상보성의 윤리를 주장한다. 그것은
자연 진화의 산물이자 최고의 의식적 존재인 인간의 잠재적
능력이다. 인간은 진화의 전개 과정에 창조적으로 참여해야
할 윤리적 의무를 지닌다. 상보성의 윤리는 인간으로 하여금
인간 자신과 자연의 안녕을 증진하는 의식적이고 윤리적인
행위자가 되도록 한다. 사회적 생태론은 이런 상보성의
윤리가 구체적인 사회제도 속에 구체화돼야 함을 주장한다.
사회적 생태론은 생명 형태의 다양화를 꾀함으로써 진화
과정을 풍부하게 만들고 이성을 활용해 지구를 생태적으로
재생시키는 놀라운 작업을 지향한다. '대자연Mother Nature만이
가장 잘 안다'는 식의 낭만적 주장은 받아들이기 어렵다.
기업의 행태에 반대한다고 해서 순진하게 '생물중심적'이 될
필요는 없다. 또 같은 논리로 인류의 통찰력, 합리성, 기술적
성취의 잠재력에 박수를 보낸다고 해서 곧 '인간중심적'인

것도 아니다. 생태운동에 너무도 유행하고 있는 이런 식의 무책임한 명명법은 이제 종식되어야 한다.

결국 사회적 생태론은 지구상 생명체들의 미래는 좋든 싫든 간에 사회의 미래에 달려 있음을 인정한다. 진화는 제1자연에서든 제2자연에서든 완료된 것이 아니다. 자연과 사회가 서로 분리되어 있고 우리는 양자택일을 해야 한다는 식으로 생각해서는 안 된다. '생물중심적'이라는 후광을 입고 있는 사람들이 주장하듯 자연 진화가 곧 창조적 생물권biosphere의 토대라고 보거나, 반대로 '인간중심적'이라는 후광을 입고 있는 사람들이 주장하듯 사회 진화가 곧 창조적 생물권의 토대라고 보아서는 안 된다. 우리는 자연과 사회의 분리를 넘어 양자의 최선을 모두 포괄하는 새로운 종합으로 나아가야 한다. 그러면 제1자연이나 제2자연 모두 창조적이고 자의식적인 자연, 또 그런 의미에서 '자유로운 자연free nature' 속에 통합된다. 자유로운 자연이란 인간이 그들 최선의 능력을 가지고 자연 진화에 참여했을 때 만들어지는 자연이다. 여기서 인간 최선의 능력이란 윤리적 감각, 독보적인 개념적 사고능력, 그리고 많은 영역에서 큰 힘을 발휘하는 의사소통 능력 등을 의미한다.

하지만 이런 목표도 종합적이고 사회적인 **운동**이

동반되지 않는 한 단순한 수사에 그칠 수 있다. 그런 운동은 어떻게 조직돼야 할까? 자유로운 자연이 확보되려면 도시들이 분권화되어 주변 자연환경에 최적화된 공동체들의 연방으로 바뀌어야 한다. 상보성의 윤리에 따라 각종 친환경 기술은 물론이고 태양, 풍력, 메탄*과 같은 재생 가능한 에너지자원들, 유기농, 인간적인 규모로 설계되고 연방 공동체들의 지역적 수요에 맞게 설계된 다용도 산업 시설 등이 생태적으로 건강한 세계를 형성하는 데 모두 동원되어야 한다. 재활용도 중요하지만 후속 세대가 지속적으로 사용할 수 있는 고품질의 상품을 생산하는 일도 중요하다. 그러면 비정한 노동은 창조적 노동으로 바뀔 것이다. 기계화된 생산보다는 예술적 공예가의 장인정신에 기반한 창작이 활성화될 것이고, 자유 시간이 확보돼 누구나 예술 활동이나 공동체의 일에 참여할 여유가 생길 것이다. 재화를 쉽게 구할 수 있고 생산이 기계화되고 자기 삶의 방식을 선택할 자유가 확보되면 사람들은 자본주의 시장이

---

* 유기물의 부패, 발효 과정에서 생기는 메탄은 오늘날 이산화탄소에 이어 온실가스의 주범으로 간주된다. 그러나 최근에는 음식물 쓰레기, 축산 분뇨 등에서 메탄을 분리·정제해 신재생에너지로 활용하는 연구가 진행 중이다. 북친이 이런 가능성을 염두에 둔 것인지, 다른 어떤 이유로 메탄을 재생가능에너지로 간주한 것인지는 불분명하다. —옮긴이

야기해온 소비주의를 거부하고 삶의 모든 분야에서 중용의
미덕을 실천하게 될 것이라 희망해볼 수도 있다.[7]

　　그러나 생태사회의 윤리와 비전이 아무리 훌륭하다
하더라도 그것이 살아 있는 정치 속에서 구체화되지
않으면 무의미할 것이다. 내가 여기서 말하는 '정치'는
소위 정치인들, 그러니까 공공업무를 관장하고 사회생활의
가이드라인에 해당하는 정책을 마련하라고 선출된
대표자들에 의해 수행되는 국정을 의미하는 것이 아니다.
사회적 생태론에서 정치란 2000여 년 전 고대 그리스의
민주적 **폴리스**에서 이루어졌던 정치를 의미한다. 한마디로
민회의 직접민주주의를 통해 정책을 마련하는 것을 뜻하며,
위임받은 조정자들이 그 정책을 수행하되 그들이 민회
시민의 결정을 준수하지 못하면 언제든지 소환되는 제도를
뜻한다. 물론 아테네의 정치에도 결함은 있었다. 가장
민주적이었던 시절에도 마찬가지다. 노예제와 가부장제가
존속했고 이방인은 공적 삶에서 배제되었다. 그 점에서는
분명 고대 아테네나 여타 고대의 지중해 문화권이나 차이가
없었다. 당시의 아시아 문화권과 비교해도 마찬가지다.
하지만 다른 한편, 아테네 정치는 보기 드문 민주적 제도들을
구현했던 게 사실이다. 오늘날 '민주주의'의 공화제적

제도들과 비교해도 고대 아테네의 직접민주주의 제도는
비상한 것이었다. 그 결과 아테네민주주의는 이후 역사에서
다양한 직접민주주의 제도 형성에 직간접적으로 큰 영향을
미쳤다. 예를 들면 중세 유럽의 많은 도시들이 그 영향을
받았다. 또 별로 알려지진 않았지만 프랑스혁명의 급진화에
큰 몫을 한 1793년 파리의 마을 회의('섹시옹section'이라고
불렸다)도 마찬가지다. 뉴잉글랜드[미국 북동부 지역의 6개 주]의
마을 회의, 그리고 최근의 시민 자치 시도들도 따져보면
아테네민주주의의 후예들이다.[8]

물론 자치와 자율의 공동체가 고립과 자족만을 추구할
경우 잘못하면 편협한 지역주의, 심지어 인종차별적인
공동체로 전락할 위험이 있다. 따라서 직접민주주의의
생태정치를 생태 공동체들의 연방으로 확장시켜, 안으로만
향하는 어리석은 독립이 아닌 공동체들 사이의 건강한 상호
의존을 도모할 필요가 있다. 사회적 생태론은 '리버테리언[*]

---

[*] '리버테리언(libertarian)'은 아나키스트들이 즐겨 쓰는 표현으로, 개인의
자유와 자발성을 억압하는 국가, 자본, 가부장제 등 일체의 위계를 거부한다는
의미다. 국가의 간섭을 최소화하고 개인과 기업의 자유로운 영리활동을
보장해야 한다는 의미의 '자유주의(liberalism)'와는 다른 의미를 갖는다.
리버테리언은 자유주의, 자유지상주의, 자유의지론, 자유존중주의 등으로도
번역되나, 이 책에서는 아나키스트 고유의 의미를 살리기 위해 음차로 표기했다.
─옮긴이

지역자치주의libertarian municipalism'의 정치학을 통해 그런 정신을 구현하고자 애써왔다. 리버테리언 지역자치주의란 지역자치체들이 자치권을 갖되 연방 회의의 연결망을 통해 공조하는 체제다. 마을과 도시 등의 지자체는 그들 사이의 이견을 조정하기 위해 연방 회의에 대표자를 파견한다. 위임되어 파견된 대표자들은 언제든 소환될 수 있다. 모든 결정은 연방 산하 마을과 도시 민회의 지지 여부로 비준된다. 이런 절차는 작은 마을들의 네트워크에서뿐 아니라 거대도시 내의 지역 주민들 사이에서도 이루어질 수 있다. 실제로 뉴욕이나 파리 같은 거대도시에 수많은 시 공회당town hall이 세워져야 한다는 제안이 지속적으로 있어왔다. 하지만 권력의 분산보다 중앙으로의 집중을 원하는 조직 엘리트 집단에 의해 이런 제안은 늘 좌초되었다.

　　권력은 면 대 면 민주주의로 제도화돼야 한다. 면 대 면 민주주의란 민중이 공동체 민회에서 정책 결정의 온전한 권한을 갖는 민주주의를 말한다. 그러지 않을 경우 권력은 엘리트와 지도층의 독점물이 되고 만다. 민중 스스로 힘을 행사하게 하는 이런 제도는 권력을 독점하던 기존 국민국가에 대한 항시적인 도전이 될 수밖에 없다. 이제 권력은 이중으로 나뉘어 자유로운 자치체와 국민국가 사이에 공개적인 긴장 관계가 조성된다. 민중이 권력을 쥐지 못하면 그 권력은 국가에 그리고 국가가 대변하는 착취자에게 귀속되기 마련이다. 나는 다양성에 반대하지 않는다. 다양성이야말로 문화 창조의 원동력이다. 하지만 공동체의 다양성에 대한 찬양이 전체 인류의 이해관계로부터 '동떨어진' 민족주의로 흘러서는 안 된다. 잘못하면 편협한 민족우월주의, 종족우월주의로 전락할 수도 있기 때문이다.

온전한 의미의 '시민권'은 활발한 토론과 정치적 활력을 내포하는 개념이다. 그런 의미의 시민권이 약화되거나 축소되면 이는 인류 발전에 전례 없는 손실이 된다. 이런 고전적 의미의 시민권은 공적인 일에 올바르게 참여하는 방법을 평생 배워나가는 일과 밀접히 관련돼 있었다. 그런데 오늘날의 '시민권'은 곧 국적의 의미로 축소되면서 온전한 의미의 시민권 개념이 사라져가고 있다. 시민권의 위축은 '내 가족의 테두리'를 넘어선 공동체적 삶이 위축됨을 의미한다. 시민적 감수성이 저하되고 협소한 자아가 부각된다. 공공 영역이 사라지고 그 자리에 사적 세계와 사익 추구가 만연하게 된다.

이성적인 생태운동, 그리고 사회운동으로서의 생태운동이 실패하면 사회는 기계적이고 아름다움이 없으며 관리당하는 사회로 전락할 수밖에 없다. 그런 사회는 기껏해야 얼빠진 자아들의 사회, 잘못하면 자동기계들로 이루어진 전체주의 사회가 된다. 그리고 그 상태가 지속되면 지구는 결국 인간이 머무르는 것 자체가 물리적으로 불가능한 지경에 이를 것이다.

정말로 환경친화적인 생태사회가 되면 자유로운 자연의 전망이 열린다. 그 사회는 태양열, 풍력, 수력에 기반한 생태 기술을 사용한다. 화석연료는 조심스럽게 다루어지고, 꼭 필요하다고 판단될 경우에만 에너지원으로 사용된다. 상품은 이윤을 위해서가 아니라 전적으로 사용을 위해 생산된다. 재화의 분배는 민회나 민회의 연합이 정한 규범에 따라 인간의 욕구 충족을 위해 이루어진다. 공동체의 결정은 권한을 위임받은 대표자들의 면 대 면 직접민주주의 절차에 의해 이루어진다. 그러나 모든 결정은 언제든 민회들의 민회assembly of assemblies(코뮌들의 코뮌commune of communes) **전체**에 의해 다시 논의될 수 있고, 다수의 의사에 따라 승인, 수정, 또는 거부될 수 있다.

수 세기는 고사하고 향후 수십 년 동안 기술이 얼마나 발전할 것인지는 가히 상상하기 어렵다. 금세기 동안 예상되는 기술의 성장은 그 어떤 공상적 이상주의자도 상상할 수 없을 정도로 눈부실 것이다. 다른 건 몰라도 이미 우리는 전혀 예상치 못했던 기술혁명, 통신혁명의 회오리에 휩쓸려오지 않았던가. 힘과 지식의 이러한 축적은 우리에게 상반된 두 가지 전망을 제시한다. 인류가 자신과 환경을 확실히 파괴하든가, 아니면 최고의 공상적 이상주의자 샤를 푸리에Charles Fourier조차 상상하지 못했던 풍요롭고 축복받은 낙원의 세상을 만들어내든가 말이다.

우리는 둘 사이의 냉엄한 선택을 지금 당장 해야 한다. 그것도 애매한 방식이 아니라 명백한 형태로 해야 한다. 사회적 생태론은 자연주의적 세계관에 기초해 자연과 사회를 발전의 관점에서 해석하고, 자유가 있는 규율, 상상을 동반한 책임을 강조한다. 우리는 이런 사회적 생태론의 전망과 철학을 가지고 시대적 과제의 해결에 나서야 한다. 다른 방법으로는 세상을 변화시킬 수 없다. 더 이상 지체해서는 안 된다. 인류의 행동을 촉진하는 운동이 일어나야 한다. 그렇지 않으면 인류의 완전한 해방을 향한 역사의 마지막 기회가 무절제한 자기 파멸 속에서 사라지고 말 것이다.

고도자본주의 시대의 급진 정치학

2001

자본주의에 대한 1930년대의 모든 비관적 예측은
빗나갔다. 제2차세계대전 이후 수십 년 사이에 자본주의는
마치 복수라도 하듯 안정을 되찾았고 놀라운 유연성마저
획득했다. 사실 오늘날과 같은 '성숙한' 형태의 자본주의가
유지되는 이유는 과연 무엇인지, 또 그 궤적이 어떨지는
연구자들이 계속해서 밝혀야 할 과제다. 하지만 한 가지
분명한 것이 있다. 자본주의는 이제 하나의 **경제**가 아니라
사회 그 자체가 되어버렸다. 다시 말해 과거에는 자본주의가
여러 가지 전前자본주의적 사회정치 관계에 둘러싸인 하나의
'경제'였지만, 사회의 모든 분야가 '경제화'된 오늘날에는
'사회' 그 자체가 된 것이다. 사회 전반이 자본주의화함으로써
상품과 첨단기술에 대한 탐욕이 사회의 기조가 되었을 뿐
아니라 상품 관계, 곧 시장의 논리가 일상생활의 영역은

물론이고 한때 축적 위주의 비도덕적, 경쟁적 사회에
저항했던 여러 사회운동마저 변질시키고 있는 것이다. 이런
모습을 두고 **소비주의**니 **산업화**니 하는 틀로만 접근하는
것은 문제의 초점을 흐릴 수 있다. 오늘날 시장가치는
가족관계, 인간관계, 심지어 영적 관계에까지 스며들었고,
영리활동과는 다른 상호부조, 이상주의, 도덕적 책임 같은
자본주의 이전의 전통들은 대부분 퇴출되었다.

　　좌파 리버테리언 운동이든 무엇이든 급진적 사회운동을
통해 사회 전반의 시장화를 넘어서는 대안적 삶의 장을 여는
투쟁이 필요한 상황이다. 이와 관련해 '사회', '정치', '국가'의
관계를 먼저 살펴보는 것이 필요하다. 과연 급진적인 시민
영역public realm*은 가능한가?

　　1960년대 반문화 운동**은 코뮌, 생활협동조합, 자선

조직 등을 유산으로 남겼다. 하지만 오늘날 이 운동의 대부분은 일종의 부티크 사업으로 전락하여 명맥만 유지되고 있다. 오늘날 우리에게 필요한 것은 이런 운동의 영역을 넘어서는 시민 영역을 여는 일이다. 사회 변화, 교육 개혁 및 권리 획득을 추구하는 모든 세력이 각축하는 장, 궁극적으로는 기존의 삶의 방식에 맞서는 장으로서의 시민 영역은 과연 가능한가?

마르크스주의, 자본주의, 그리고 시민 영역

시민 영역이라는 개념은 기존의 **계급 영역** 개념과는 다르다. 마르크스주의는 소위 '시민public'이 별도로 존재한다고 인정하지 않는다. 또 200여 년 전 민주주의 혁명기에 '인민the People'이라 불리는 계층이 별도로 존재했다는 것도 인정하지 않는다. 마르크스주의자들이 보기에 이런 개념들은 계급의 이해관계를 제대로 담아내지 못한다. 즉 프롤레타리아트와 부르주아지가 각각의 계급 이해관계 때문에 끊임없이 충돌할 수밖에 없다는 사실을 흐리는 개념들인 것이다. 마르크스주의에 따르면, 소위 '인민'은 실은 별 특징 없이 몰락해가는 프티부르주아지에 불과하다. 이들은 과거 혁명 과정에서 드러났듯이 자본가계급이 되고자 주로 그들 편에 서지만 결국은 노동자계급에 편입될 수밖에 없는 부동浮動의 존재다. 한편 계급의식으로 무장된 노동자계급은 자본주의 경제의 전면적 위기, '만성적' 위기가 도래하면 이 애매한 중간계급을 흡수하며 인류의 보편적 이해를 대변하게 된다는 것이다.

1930년대에도 비슷한 생각을 하는 사람들이 있었다. 당시로서는 파업과 노동자 봉기가 끊임없이 이어졌고 거리마다 혁명 세력과 파시스트 세력이 충돌했으며 조만간 전쟁과 유혈의 사회 전복이 일어날 것이라 예상됐기 때문이다. 하지만 상황이 변했다. 전복될 것 같아 보이던 자본주의가 시간이 흐르면서 자기조절능력을 갖춘 체제로 변한 것이다. 오늘날 목격하듯이 자본주의는 이제 경제적으로는 물론이고 문화적, 이데올로기적으로도 스스로 조절하는 체제가 되었다. 미국에서만 수백만의 사람이 생계 곤란을 겪고 있다. 하지만 그들의 생활이 아무리 어렵다고 해도 한 가지 분명한 것은 자본주의가 지난 50년 동안 소위 '만성적 위기'를 겪지 않았다는 사실이다. 대공황에 비견되는 그 어떤 위기의 조짐도 없었다. 경제가 장기간 침체되면 사람들은 새로운 사회를 꿈꾸기 마련이다. 그런데 지난 50년은 이런 장기침체가 일어날 그 어떤 내적 요인도 없었다.

자본주의는 그 이전 150년의 시기, 소위 '역사적 상승기'와는 비교할 수 없을 정도로 매우 성공적인 위기관리를 해온 것이다.

사회주의혁명 하면 떠오르는 산업노동자 역시 제1차세계대전을 거치면서 숫자도 줄고 계급의식도 쇠퇴했다. 역사적으로 유일무이한 계급이라는 자의식 또한 시들해졌다. 마르크스주의 이론을 수정해 샐러리맨을 프롤레타리아계급에 포함하려는 시도가 있었다. 하지만 이는 무의미한 일이다. 다양하게 분화된 중간계급 사람들 각각의 정체성, 또 그들이 시장 사회와 맺고 있는 다양한 관계를 생각해보면 이 시도는 앞뒤가 맞지 않는 시도임이 명백하다. 자본주의가 모순적인 자기 발전의 결과 '내재적으로' 붕괴하고 말 것이라는 희망은 오늘의 현실이 입증하듯 환상이 되어버렸다.

그런데 내가 다른 여러 곳에서 강조했듯이 자본주의는 또 다른 위기를 맞고 있다. 바로 생태위기다. 자본주의 스스로 이 위기의 외적 조건들을 누적해왔고 오늘날 그 극적 징후들이 수없이 나타나고 있는 것이다. 그리고 이 위기는 사람들로 하여금 근본적인 사회변혁에 관심을 갖게 하고 있다. 적대와 팽창, '성장 아니면 죽음'의 시장 체제를 본질로 하는 자본주의는 자연 세계를 파괴할 수밖에 없다. 옥토를 사막으로 만들고 대기를 오염시키며 전 지구적 기후변화를 야기하고, 급기야 복잡한 형태의 생명체들에게 부적합한 환경을 만들고 있는 자본주의는 생태계의 암이다. 자본주의는 영겁의 시간을 거쳐 형성돼온 복잡한 생태 시스템을 단순화하고 있다.

맹목적이고 무제한적인 성장 그 자체가 목적이 되어버렸다. 자연 세계에 대한 경쟁적 잠식과 파괴는 그 필연적 결과다. 그리고 이로부터 비롯되는 많은 문제들이 물질적, 인종적, 문화적 차이를 가로지르고 있다. 바로 이런 맥락에서 '인민'과 '시민 영역'의 개념이 다시 의미를 갖게 된 것이다. 급진적 생태운동, 그것도 체계적이고 정치적인 생태운동이 확립되어 전통적인 노동운동이 해왔던 역할을 떠맡아야 한다. 프롤레타리아 급진주의의 **중심지**가 공장이었다면 생태운동의 중심지는 마을, 소도시, 자치체 등의 공동체다. 새로운 정치적 대안은 의회주의적인 것이어서는 안 된다. 그렇다고 직접행동이나 반문화 운동에 함몰돼서도 안 된다. 물론 직접행동은 그것이 참여민주주의를 지향하는 공동체 운동의 틀 안에서라면 새로운 정치와 맞물려 일정한 의미를 가질 것이다.

참여민주주의의 공동체 회의야말로 사회적 운명의 결정
권한을 온전히 인민에게 부여하는 틀이고, 바로 그것이
직접행동의 최고 형태일 것이기 때문이다.

사회, 정치, 국가

1960년대에 기성 문화에 저항하는 반문화 운동이
있었다면, 그후 수십 년 동안은 중앙집권적 국가에 맞서는
대항 기구, 그리고 대중적 조직과 제도의 필요성이
제기되었다. 대항 기구의 성격은 해당 지역의 전통과 가치,
관심과 문화에 따라 다양한 모습을 띨 수 있다. 하지만 이
새로운 제도와 조직에 대한 열망, 그리고 그를 위한 새로운
급진 **정치**에 대한 열망을 가속화하기 위해선 먼저 몇 가지
이론적 전제를 분명히 해야 한다. 무엇보다도 '정치'의 의미를
다시 규정해야 한다. 다시 말해 통상적 의미보다 폭넓은
의미로 규정할 필요가 있는데, 이는 실천적으로 매우 중요한
일이다. 급진주의자들도 이 점을 분명히 해야 한다. 그래야만
녹색당 같은 운동의 미래가 있고 급진주의가 근본적
사회변혁의 유의미한 세력이 될 수 있다.

중요한 제도적 장으로서 사회, 정치, 국가는 과거에
서로 명확히 구별되었다. 사회와 정치의 경계가 분명했으며

정치와 국가의 관계도 마찬가지였다. 하지만 모든
것이 암울해진 오늘날, 이들 사이의 경계는 희미해졌고
그것들 각각이 무엇인지 불분명해졌다. 경제가 사회를
흡수해왔듯이, 국가가 정치를 흡수해버렸다. 생태파괴를
극복하는 진정 새로운 급진 운동이 가능하려면, 그리고
생태적 사회의 건설을 통해 인간과 자연을 지배하려는 모든
시도를 종식시키기 위해서는 무엇보다 이 과정을 중지시켜
사회, 정치, 국가를 제자리로 돌려놓아야 한다.

사람들은 쉽게 사회, 정치, 국가를 역사로부터 분리해
생각하곤 한다. 그래서 과거에도 늘 오늘날과 같은 모습의
사회, 정치, 국가가 있어왔다고 생각한다. 하지만 실상은
다르다. 이들 각각은 매우 복잡한 발전 과정을 거쳐왔다.
사회 이론과 실천에서 이들이 갖는 의미를 제대로 이해하기
위해서는 이 복잡한 발전 과정에 대한 이해가 있어야 한다.
우선 **정치**에 대해 살펴보면, 오늘날 우리가 '정치politics'라고
부르는 대부분의 내용은 실은 국정statecraft, 國政에 해당한다.
국정은 국가기구의 구성원인 의원, 판사, 관료, 경찰, 군대
등을 중심으로 이루어진다. 국정의 꼭대기에는 국가수반이
있고, 저 아래에는 마을의 장長이 있다. 그런데 그리스어
어원으로 볼 때 본래 정치는 성숙한 도시민으로 이루어진

시민의 장을 의미한다. 여기서 '성숙한 도시민'이란 공동체, 즉 폴리스의 일을 직접 다룰 능력이 있는 사람들이다.

한편 **사회**는 본래 상대적으로 사적인 영역이었다. 다시 말해서 가족의 의무, 우정, 자립, 생산, 출산의 영역이었다. 사회는 처음에 단순한 군집 생활의 형태였다가 결국엔 현대적 의미의 사회에 해당하는 복잡한 제도의 형태가 되었지만, 어쨌든 처음부터 사회적 삶의 기본 틀은 가정 또는 오이코스oikos를 중심으로 이루어졌다. 경제economy라는 말도 그때는 가정을 관리하는 것을 의미했다. 사회적 삶의 핵심은 여성에 의한 가정의 영역이었고 이를 보완하는 것이 남성에 의한 시민의 영역이었다.

인류 초기 공동체에서 생존과 돌봄, 생계유지 등은 가정의 테두리 내에서 이루어졌다. 이에 비해 시민 영역은 크게 보면 이를 보조하는 역할을 했다. 넓은 의미의 부족, 그러니까 씨족이나 무리를 포괄하는 의미에서의 부족은 혈연과 혼인으로 묶인, 그리고 나이와 직업에 따른 기능적 유대로 묶인 사회적 실재였다. 각종 생물학적 요인에서 비롯된 구심력이 사회적 공동체를 하나로 묶어준 것이다. 당연히 내적 귀속감과 연대 의식이 강했고 '이방인'과 '아웃사이더'는 대부분 배척되었다. 이들이 이방인을 받아들이는 경우는 환대의 규범을 갖춘 경우, 그리고 전쟁이 점점 중요해지면서 전사를 늘릴 필요가 있을 때였다.

기록된 역사는 대부분 남성이 맡았던 시민 영역의 성장에 관한 것이다. 시민 영역의 성장은 가정, 즉 사회적 영역의 희생 위에 이루어졌다. 사냥 영역을 두고 부족 간에 벌인 충돌과 전쟁의 결과 공동체 초기부터 남성의 권위는 점차 커졌다. 기록된 역사에서 더욱 중요한 단계는 농경문화 때다. 수렵 생활을 하던 사람들이 생계를 위해 확보했던 대부분의 땅은 이제 농경민족의 차지가 된다.

광의의 **시민**civil 영역, 아직 미분화 상태인 시민 영역으로부터 정치와 국가가 등장했다. 물론 이 둘은 서로 다른 것이었다. 초기 시민 영역에 함께 뿌리를 두고 있지만 정치와 국가는 서로 대립되는 것이었다. 역사는 주름 없이 평평한 옷 모양처럼 진행되지 않는다. 사회의 진화 과정, 즉 가정 중심의 소규모 사회집단에서 시작해 넓은 제국 영토를 거느린 높은 단계의 사회 체제, 즉 분화되고 위계적이며 계급지배를 받는 체제로 발전해온 과정은 대단히 복잡하고 불규칙하다.

집과 가정을 중심으로 한 사회적 영역은 예컨대 다음과 같은 국가 형성의 길을 연다. 이집트와 페르시아 같은 고대의 전제 왕국을 보면 이들 국가는 시민들의 공적 영역에 속하는 것이 아니었다. 이들은 일종의 개인적 '가구households'였고 군주 집안의 영역이었다. 그리고 이들 '신성한' 왕과 그 가문의 광대한 궁궐 땅은 나중에 몇몇 가문에 의해 재분할되어 영주의 토지, 즉 봉건 토지가 된다. 오늘날 소위 귀족계층은 시민권이나 재산이 아니라 혈연과 가문이 사회적 지위와 위세를 결정하던 시대의 흔적이다.

시민 영역의 등장

청동기시대에 이르면 국가에 씌워졌던 사회적 또는 가족적 면모는 제거되고 새로운 정치적 장이 열린다. 사원, 군사기지, 행정 중심지, 국경 시장 등을 중심으로 도시가 형성되는데, 이 도시들을 기초로 새로운 형태의 정치적 영역, 더 세속적이고 보편적인 정치적 영역이 열리는 것이다. 이 과정을 고든 차일드는 '도시혁명'이라 했다.* 그리고 이 공간이 발전하여 전에는 없었던 시민 영역이 형성되기에

---

*   북친이 즐겨 쓰는 '도시혁명(urban revolution)'은 본래 유럽 선사시대를 연구한 호주의 고고학자이자 언어학자, 그리고 사회주의자였던 고든 차일드 (1892~1957)가 1930년대에 처음 사용한 말이다. 이는 선사시대의 혈연에 기초한 작은 농경 부락들이 사회적으로 더 복잡하고 큰 도시 사회로 전환되는 과정을 뜻한다. —옮긴이

이른다.

　물론 완전한 '시민의 장'으로서의 도시는 역사 속에 존재하지 않는다. 아마 사회 이론에도 그런 완벽한 모델은 없다. 하지만 사회(가족) 중심적이지도 않고 국가 예속적이지도 않은 새로운 형태의 도시들이 있었다. 고대 그리스의 항구 도시들, 그리고 중세 이탈리아와 러시아 및 중부 유럽의 여러 수공업, 상업 도시들이 그 대표적 예다. 근대 국민국가의 도시들, 예컨대 스페인, 영국, 프랑스의 도시들 중에도 인민 중심의 시민 참여적 틀을 가진 도시들이 있었다. 물론 이 도시들이 배타적 지역주의나 가부장적 특성으로부터 완전히 자유롭지는 않았다. 하지만 이 도시들은 분명 보편적인 인본주의의 틀을 가지고 있었다. 오늘의 기준으로 과거 역사를 재단해서는 안 된다. 오늘날의 눈으로 지난 수천 년의 '문명'과 도시가 모두 실패작이었다고만 말하는 것은 지극히 편협하고 몰역사적인 태도다.

　우리가 특별히 주목해야 하는 것은 이 도시들로 인해 시민 영역이 확립됐다는 사실이다. 고대 그리스의 아고라agora, 로마 공화국의 포럼forum, 중세 코뮌의 광장town center, 르네상스 도시의 플라자plaza로 시민들이 모였다. 그리고 이렇게 모인 시민들이 새로운 활동을 시작했는데, 그것이 바로 정치 행위다. 이 정치 행위는 비록 제한적이긴 했지만 참여민주주의에 기초하였으며 무엇보다도 새롭게 등장한 소위 '시민'의 활동이었다.

어원으로 보자면 '정치politics'는 구성원인 시민이 공동체, 즉 '폴리스polis'를 관리함을 의미한다. 당시의 폴리스는 혈연관계가 없는 이방인에게도 공민권을 허용했다. 다시 말해서 정치는 본래 계보를 같이하는 '민족'의 범위를 넘어서서 보편적 **인류 문명**에 관계하는 행위였던 것이다. 그러는 가운데 정치는 점차 사회의 사안들을 세속화했다. 이제 정치는 무반성적으로 관습의 명령을 따르길 거부했고, 개인을 존중하며 합리적 행동 규범을 따르는 방향으로 나아갔다.

물론 도시와 정치가 등장했다고 해서 각종 특권, 권리의 불평등, 부당한 관습, 변덕스런 조치가 완전히 사라지지는 않았다. '이방인'에 대한 불신도 마찬가지였다. 가장 급진적이고 민주적이었던 프랑스혁명 기간에도 파리에는 '외국의 음모' 가능성에 대한 두려움, 그리고 '이방인'에 대한 혐오에 가까운 불신이 만연했다. 또 여성은 한번도 남성이 누리는 만큼의 자유를 향유하지 못했다. 하지만 내가 강조하고자 하는 것은, 도시의 등장과 더불어 완전히 새로운 것, 즉 가족이나 국가와는 구별되는 소위 시민의 공적 영역이 등장했다는 사실이다. 이후 이 영역은 역사와 더불어 부침을 거듭했지만 결코 사라지지 않았다. 국가는 권력을 전문가의 손에 집중시킨다. 또 프톨레마이오스 왕조의 이집트 국가권력, 17세기 유럽의 절대왕정, 그리고 지난 세기 러시아와 중국의 전제주의 체제에서 보듯이 국가는 그 자체가 목적으로 간주되었다. 이제 도시와 더불어 등장한 시민의 공적 영역은 이런 국가와는 대립 관계에 들어서게 된다.

자치와 연방의 중요성

정치활동의 물리적 공간은 거의 언제나 도시나 마을, 즉 지역자치체였다. 정치가 가능하려면 도시의 규모가 적당해야 한다. 아리스토텔레스를 비롯한 그리스인의 생각에 따르면, 도시(폴리스)는 너무 크면 안 됐다. 너무 클 경우 면 대 면 토론이 불가능하고 시민들 사이의 친밀한 관계 유지가 어렵기 때문이다. 이 기준은 결코 고정되거나 불가침의 것은 아니었다. 하지만 그런 기준 덕에 도시는 국가를 견제하는 방향으로 성장할 수 있었다. 적당한 크기지만 결코 작지 않은 폴리스는

시민의 공개적이고 직접적인 참여를 통해 공적 사안을
처리했다. 대표자 선출이 필요한 경우도 있었으나 가급적
최소화했고 그 관리를 철저히 했다.

당시 정치에 참여하기 위해선 일정한 물질적 전제조건이
필요했다. 우선 약간의 여가 시간이 있어야 정치에 참여할
수 있었는데, 당시에 모든 그리스 시민이 노예 소유자는
아니었지만 어쨌든 노예노동이 이런 여유를 확보하게 하는
기반이었다. 여가 시간보다 더 중요한 것은 인격 훈련과 품성
연마였다. 그리스어로 '파이데이아'라 하는 이 교육과정을
통해 사람들은 이성에 기초한 자제력을 습득했는데, 민회의
원활한 작동을 위해서는 시민들이 이런 자제력에 기초한
예법을 갖추어야 했다. 공공에 봉사한다는 생각도 필요했다.
그래야 편협하고 이기적인 충동을 억제하고 보편적
이해관계에 입각한 계획을 추진할 수 있었기 때문이다.
이런 태도는 당시의 독특한 인간관계망, 즉 그리스어로
'필리아'라고 하는 충직한 우정 관계, 그리고 모두가 함께하는
도시 축제와 군대 복무의 경험 등으로 확보되었다.

그런데 이런 의미의 정치가 고대 그리스에만 국한된
현상은 아니다. 지중해 연안과 유럽 대륙, 그리고 영국과
북아메리카의 자유도시*에서도 비슷한 정치가 전개되었다.

이들 도시에서도 시민 영역이 등장했고 오랜 기간 동안
다양한 수준의 민주정치가 이뤄졌던 것이다. 국가의 집중된
권력에 적대적이었던 자유도시들은 점차 연합을 형성했다.
이는 매우 중요한 역사적 전환점이 되었는데, 이를 계기로
인간은 자치 연합의 사회를 만드느냐 아니면 국민국가의
사회를 건설하느냐를 선택하는 과제에 직면하게 되었기
때문이다.

국가도 역사적으로 발전했다. 고대국가에 이어 준국가가
등장했고 이어서 군주국가, 봉건국가, 그리고 공화국으로
이어졌다. 그리고 20세기의 전제국가들은 과거의 혹독한
전제를 무색하게 했다. 국민국가의 등장에 중요하게 작용한
것은 중앙집권화된 국가의 능력, 즉 도시, 마을, 동네의
활력을 약화시키고 그 기능을 관료, 경찰, 군대로 대신하는
능력이었다. 역사 전체를 보거나 오늘날의 사회적 지형을
보면 지자체와 국가는 늘 미묘한 긴장 관계에 있으며,
때때로 그 긴장이 폭발하여 격렬한 갈등을 빚곤 한다.

---

* 자유도시(free city)는 역사상 존재했던 자치도시를 말한다. 헬레니즘 시대,
  로마제국 시기에 처음 등장했으며, 중세 신성로마제국 시기에는 유럽 전역에
  수많은 자유(제국)도시가 생겨났다. 봉건영주나 교회 수장(주교 등)의 지배를
  받지 않고 황제로부터 자치를 허용받은 도시들이다. —옮긴이

불행하게도 지자체는 오늘날 별 주목을 못 받고 있지만 분명한 것은 국가의 권력 행사가 지자체의 존재로 인해 종종 제한돼왔다는 사실이다.

국가중심주의와 마찬가지로 민족주의 또한 근현대인의 사고에 깊이 각인되었다. 그 결과 사회적 대안으로서의 지역자치는 사실상 도외시되었다. 앞에서도 강조한 대로, 그동안 정치는 전문가에 의한 권력 행사 내지 국정과 완전히 동일시되었다. 정치 영역과 국가가 서로 충돌하는 게 다반사였고 때로는 유혈 내전으로까지 치달았다는 사실은 거의 무시돼온 것이다. 1640년대 청교도혁명에서부터 오늘날의 혁명에 이르기까지 위대한 혁명운동의 역사를 살펴보면 혁명은 항상 강력한 지역공동체의 반란, 그리고 이들 간의 강한 연대로 일어났음을 확인할 수 있다. 국민국가는 여전히 지자체의 자치와 자율의 목소리를 두려워한다. 이 점은 지자체의 자치와 자율을 반대하는 논의가 끊이지 않는다는 사실에서 거꾸로 확인할 수 있다. 자유로운 공동체와 참여민주주의에 반대하는 사람들, 그리고 한 걸음 더 나아가 그것들이 '죽었다'고 떠드는 사람들은 앞으로도 계속 존재할 것이다.

거대도시의 등장은 근현대의 추세였다. 하지만 그

추세가 공동체와 시민정치에 대한 요구를 막지는 못했다. 이는 다국적기업이 늘어난다고 해서 민족주의가 사라지지는 않는 것과 마찬가지다. 뉴욕, 런던, 프랑크푸르트, 밀라노, 마드리드 같은 도시는 분명 거대도시지만 얼마든지 **정치적으로** 분권화할 수 있다. 비록 도시 규모가 크고 내적 상호 의존이 깊다 하더라도 마을 간 네트워크나 지역 간 네트워크의 제도를 통해 얼마든지 분권화할 수 있는 것이다. 이들 대도시는 구조적 분권화가 이뤄지지 않을 경우 매우 심각한 생태문제를 야기하게 되어 있다. 대기오염, 물 부족, 범죄 증가, 삶의 질 하락, 교통 문제 등이 그것이다.

역사를 보면, 교통수단은 원시적이었지만 인구가 100만 명에 육박하던 유럽의 주요 도시들은 정치적으로 생동감 넘치는 분권 제도와 그 조화에 기초해 굴러왔음을 알 수 있다. 1500년대 초반 코무네로스 반란*을 일으켰던 스페인 카스티야의 도시들, 1790년대 초 파리의 여러 지구와 그들의 민회, 그리고 1960년대의 마드리드 시민운동에 이르기까지 대도시의 지역자치 운동은 권력이 과연 어디로 모아져야

---

* 1520~1521년 스페인 카스티야왕국에서 카를로스 1세와 그의 행정부에 반대해 여러 도시주민들(comuneros)이 일으킨 무장봉기. 세고비아, 톨레도, 바야돌리드 등의 도시가 반란의 선두에 섰다. —옮긴이

하는지, 그리고 사회적 삶은 어떤 제도로 유지돼야 하는지에
대해 매우 중요한 이슈를 제기해왔다.

모든 집단이 그렇듯이 지역자치체 역시 편협한 지방색을
드러낼 수 있다. 과거에도 그랬고 오늘날에도 마찬가지다.
그러므로 지역자치 운동 중에 연방에 이르지 못하는
운동, 다시 말해 지역 내 도시나 마을 사이에 상호 책무의
네트워크를 형성하는 데까지 나아가지 못하는 지역자치
운동은 그 어떤 의미에서도 진정한 정치운동이라고 하기
어렵다. 한 도시 내에서 다른 마을과 함께하지 못하는 마을
운동도 마찬가지다. 연방의 요체는 다음과 같다. 연방을
구성하는 공동체들이 책임을 공유한다. 연방에 파견된
대표자들은 자기 공동체의 요구에 무한 책임을 진다.
대표자는 위임된 권한을 갖고 공동체는 이들을 소환할
권리를 갖는다. 연방이야말로 새로운 정치의 핵심 중 하나다.
따라서 도시와 마을들로 하여금 지역 단위에서만 국민국가
행세를 하라고 요구한다면 이는 사회 변화 그 자체를
포기하는 처사다.

매우 중요한 한 가지 사실은, 국가가 사회를 통제하기
이전의 제도와 전통 및 감성이 오늘날에도 다양한 방식으로
전 세계에 걸쳐 두루 살아 있다는 점이다. 마을과 이웃

그리고 소도시 공동체의 네트워크가 폭압적인 국가의 잠식에 저항해왔다. 남아프리카, 중동, 라틴아메리카에 많은 투쟁 사례가 존재한다. 모든 국민국가의 내부에 불안 요인이 있음을 알아야 하고, 국가에 대한 저항의 밑바닥에는 항상 공동체가 있다는 사실을 잊어서는 안 된다. 국민국가를 당연한 것으로 여기거나 국가를 국가주의의 언어로 이해하려는 태도를 버려야 한다. 국가가 국가 '이상의' 역할을 하느냐 그 '이하의' 역할을 하느냐는 무엇보다도 국가의 힘에 맞서면서 국가체제를 대체할 이중권력dual power을 수립하는 운동의 역량, 즉 지역 운동, 연방 운동, 공동체 운동의 역량에 달려 있다. 급진 이론가 바쿠닌Mikhail Bakunin과 마르크스는 국가 문제를 두고 상이한 입장을 견지했다. 이들에게 이는 매우 중요한 문제였다. 1930년대 중반부터 우파 파시스트 프랑코 체제에 맞서 싸운 마드리드 시민운동도 깊은 연구를 통해 정당하게 재평가되어야 한다.

마르크스주의자는 거시경제의 관점에서 '임노동과 자본'의 갈등에 주목해왔다. 하지만 과거 혁명적 노동자계급 운동은 단지 산업 현장에서의 운동만이 아니었다. 거의 폭동에 가까웠던 파리 노동운동은 기본적으로 수공업자의 운동이었으며 자신의 활동 구역quartiers을 중심으로 한 **공동체**

운동, 비슷한 처지의 동병상련에서 야기된 운동이었다. 17세기 런던의 수평파*에서 20세기 바르셀로나의 아나코-생디칼리스트**에 이르기까지 급진 변혁운동의 이면에는 언제나 공동체의 강한 유대가 있었고, 거리와 광장, 카페를 중심으로 한 시민 영역이 자리 잡고 있었다.

새로운 정치를 위하여

급진적 실천에 있어 지역자치의 삶은 매우 중요하다. 지역자치가 근대적 국가에 의해 잠식돼온 곳에서는 하루속히 지역자치가 회복되어야 한다. 마을과 이웃, 도시와

---

* 수평파(Levellers)는 영국 청교도혁명기의 의회파 중 급진파로, '평등파'라고도 한다. 소상인, 장인, 도제, 소생산자, 농민 등 프티부르주아지의 이익을 주장한 정치적 당파로서, 인민 주권, 선거권 확대, 법 앞의 평등, 종교 관용 등을 주장하고 민주적 헌법 초안인 〈인민협정〉을 발표하는 등 영국 민주주의의 발전에 크게 기여했다. ―옮긴이

** 생디칼리슴(syndicalism)은 노동운동의 한 흐름으로, 생산수단의 소유권과 분배의 통제권을 노동조합에게 이양하려 했던 운동을 말한다. 프랑스 아나키스트 프루동(Pierre-Joseph Proudhon, 1809~1865), 사회철학자 소렐(Georges Sorel, 1847~1922) 등으로부터 강한 영향을 받은 이 운동은 19세기 후반 프랑스 노동조합운동에서 발전했으며 특히 1900~1914년 사이에 스페인, 프랑스, 이탈리아, 미국에서 활발히 전개되었다. 아나코-생디칼리슴 (anarcho-syndicalism)은 그 분파 중 하나로 모든 권력과 위계의 거부에 중점을 둔 생디칼리슴을 말한다. 당(중앙)의 지도와 프롤레타리아독재의 필요성 등을 주장한 공산주의 계열의 운동과는 구별된다. ―옮긴이

지역에 뿌리를 둔 새로운 정치만이 오늘날 녹색당과 유사 사회운동에 스며들고 있는 무기력한 의회주의의 유일하게 실행 가능한 대안이다. 오늘날 의회주의에 매몰된 녹색당과 유사 사회운동은 국정 참여를 통해 무언가를 도모하지만, 국정은 늘 부패하기 마련이며 국정에서는 녹색당이 거대 부르주아 정당의 술책을 이겨낼 수가 없다. 부르주아 정당의 술책 중 하나는 녹색당을 연립정부에 끌어들이는 것이다. 한편 사회운동 가운데 단일 이슈만을 추구하는 사회운동은 그들이 반대하는 그 문제에만 매몰되는 한계를 드러내고 있다. 그 이슈를 둘러싸고 전개되는 전투적 행동과 장기적 안목의 급진주의, 즉 의식의 변화와 사회 자체의 변화를 목표로 하는 급진주의를 혼동해서는 안 된다. 그런 운동은 성공적인 경우도 확 타올랐다가 어느새 사라져버린다. 그런 운동은 지속적인 사회변혁 운동에 필수적인 조직 기반을 결여하고 있으며 정치적 투쟁의 구체적인 장을 확보하지 못한다.

이런 이유에서 진정한 풀뿌리 정치운동과 그 운동들의 연합이 절실히 필요하다. 그리고 이 운동은 진정한 리버테리언적 조직으로 발전하기 위해서도 언제나 민주적인 조직, 그것도 지속적인 조직을 기반으로 해야 한다.

만일 우리가 전문 직업에 필요한 모든 능력, 지식, 재주 등을 타고난다면 인생은 기적까지는 아니더라도 상당히 멋질지도 모른다. 하지만 어쩌겠는가? 인간은 이런 능력을 얻기까지 큰 노고를 쏟아야 한다. 그 과정은 난관과 투쟁으로 점철되어 있고 많은 교육과 자기 계발의 노력을 요구한다. 급진적인 지역자치 운동도 마찬가지다. 제도 변혁의 길에 쉬운 방법이란 없기 때문이다. 가치 있는 지역자치 운동은 투쟁의 결과로서만 얻어진다. 자유로운 사회의 유지나 쟁취를 위해서도 우리는 끊임없는 해방과 자기혁신의 노력을 기울여야 한다.

지역자치체는 잠재적 시한폭탄이다. 지난 수 세기에 걸쳐 각종 시도가 있었지만 지역 네트워크를 구축하는 일, 국가의 복제품으로 전락한 지자체 제도를 변혁하는 일은 여전히 역사적 의미를 지닌 매우 중요한 정치적 과제다. 오늘날 신사회운동*은 침몰하고 있다. 무엇보다 시민 영역으로서의

---

* 　신사회운동이란 1970년대 이후 서유럽과 북아메리카에서 새롭게 등장한 일련의 운동(환경, 평화, 인권, 여성, 반핵, 반문화, 녹색당 운동 등)을 말한다. 계급투쟁 중심의 노동운동에 주력했던 기존의 사회운동과 다르다는 점에서 새로운 사회운동이라 명명되었다. ─옮긴이

가능성과 정치적 전망이 결여돼 있기 때문이다. 그런 이유에서 신사회운동은 쉽게 의회주의로 빠져든다. 역사를 돌아보면 리버테리언 이론들은 항상 자유로운 자치체를 중시했다. 왜냐하면 그들이 보기에 자유로운 자치체야말로 새로운 사회의 세포조직이었기 때문이다. 현재 상태가 자유롭지 못하다고 해서 자유로운 자치체의 가능성 자체를 무시하는 것은 '코뮌들의 코뮌'이라는 위대한 리버테리언적 이상과 그 이상의 구현을 위한 정치운동을 (그 운동이 현재 잠들어 있다는 이유로) 피해가려는 것과 같다. 풀뿌리 이중권력을 수립해야 하고 풀뿌리 시민권 개념이 자리 잡아야 한다. 또 지자체 중심의 경제체제를 갖추어 중앙집권적 국민국가와 집중화된 거대 기업의 커져만 가는 권력에 맞서야 한다. 그런데 이 모든 것을 위한 **지속적인** 제도 기반은 다름 아닌 지역자치 제도의 확립에 있다. 또 우리가 지역자치의 구조를 얼마나 많이 변혁하느냐, 과연 그것들을 새로운 시민 영역으로 만들 수 있느냐의 여부에 달려 있다.

반동의 시대,
사회적 생태론의 역할

1995

사회적 생태론은 제2차세계대전 이후 좌파가 직면한 중요한
사회적, 이론적 문제들로부터 출발했다. 1940년대와
1950년대의 역사적 현실은 프롤레타리아혁명의 전망,
자본주의를 무릎 꿇게 한다던 '만성적 경제 공황'의 전망,
그리고 권력을 장악한 후 독재적 수단으로 사회주의와
공산주의로의 이행을 이룬다던 중앙집권적 노동자당의
전망을 완전히 무력화해버렸다. 고통스럽게도, 그 어떤
전면적 위기도 임박하지 않았다. 프롤레타리아트도, 그리고
노동자계급을 대변하는 그 어떤 당이나 노동 연합도 더 이상
사회변혁의 패권 세력이 아니었다.

　　반면, 전쟁을 겪고 난 자본주의는 역사상 그 어느
때보다도 강하고 안정적인 체제가 되었다. 자본주의에
필연적으로 수반되는 일시적 위기, 주기적 위기는 물론이고

전면적 위기도 엄격히 부르주아적 틀 내에서 일정한 관리가 가능해졌다. 좌파는 한 세기 넘게 프롤레타리아계급의 고유한 역할을 강조해왔다. 하지만 이제 이들의 주도적 역할은 끝나버렸고, 레닌이 제창한 각종 조직 역시 관료주의적 부패상을 여실히 드러내게 되었다.

　　게다가 자본주의는 경쟁적 시장경제의 고유 논리를 추구하는 가운데 기존 좌파, 즉 두 차례의 세계대전 사이(1917~1939)의 좌파는 경험하지 못한 새로운 사회적, 문화적 쟁점들을 불러일으켰다. 물론 기존 좌파의 이론적 초석, 요컨대 임노동과 자본 간의 계급투쟁이 사라진 것은 아니었다. 경제적 착취가 종식된 것도 아니었다. 하지만 기존 좌파, 정확히는 모든 형태의 '프롤레타리아 사회주의'의 핵심을 이루던 이슈들의 내용이 엄청나게 확장되었으며 그러면서 억압의 성격과 자유의 의미도 확대되기에 이르렀다. 대표적으로 (기존 계급투쟁의 이슈를 밀어낸 것은 아니지만) 위계구조의 문제가 적어도 유럽과 아메리카에서는 급진적 관심사의 전면에 자리 잡기 시작했다. 이것은 국가는 물론이고 권위 그 자체에 도전한 '신좌파'와 청년문화가 1960년대에 확산되면서 이루어진 일이다. 착취가 사라지지 않았음에도 착취가 아니라 지배가 급진적 비판과 실천의 중심 타깃이 되었다. 이런 점은 복장, 성적 행동, 생활 방식, 가치 등에 있어서 기존의 모든 제약을 제거하려 했던 미국의 초기 인권운동과 그 이후 등장한 페미니즘 운동, 자연 '지배'의 신화에 도전한 생태운동, 게이와 레즈비언의 해방운동 등에서 잘 나타났다.

자본주의의 기술적 진보는 계몽주의의 이상과 근대성의 진보적 측면에 부합하는 것이다. 특히 지난 세기 중엽 자본주의는 리버테리언 코뮌주의 사회 건설에 반드시 필요한 기술 발전을 이루어냈다. 방금 언급한 운동들은 바로 이러한 배경하에 등장했다. 1950년 후반에 시작된 거대한 논쟁, 즉 자유 시간과 물질적 풍요에 대한 논쟁에 주목해보면 자동화와 같은 기술 발전이 이념의 지형에, 특히 1960년대 신좌파에 어떤 영향을 미쳤는지 가늠해볼 수 있다. 결국 물질적 궁핍과 가혹한 노동에서 해방된 소위 '희소성 이후 시대'의 전망이 열리면서 새로운 가능성과 희망의 지평이 열린 것이다. 이런 변화된 상황을 보면 일찍이 1919년 베를린 다다이스트들이 당시 기성 좌파의 '완전 고용' 요구에 맞서 제창한 '보편적 실업'*의 슬로건이 역설적으로 일정한

---

*   다다이즘(dadaism)은 제1차세계대전의 참상을 겪으며 유럽과 미국을

예언 능력을 지녔던 것이 아닌가 하는 생각마저 든다.

이성적 사회를 향한 투쟁

본래 사회적 생태론이란 표현은 '인간 생태론human ecology'의 한 변종을 뜻하다가 오래전에 폐기되었다. 그러다 우리가 거론하는 사회적 생태론이 1960년대 초 미국에서 등장한다. 당시 사회적 생태론은 무엇보다도 급진주의와 자본주의에 임박한 변화들을 체계적으로 예측, 진단하고 처방하는 사회적 실천의 세계관, 발전적 세계관을 전개하는 데 주력했다. 당시 사회적 생태론은 그 중요한 변화들을 이미 예상하고 있었다. 소위 생태운동이 등장하기 훨씬 이전에 사회적 생태론은 자본주의가 초래할 생태계 위기의

중심으로 생겨난 반이성, 반문명, 반도덕적 허무주의 운동이다. 인간의 이성, 전통, 문명에 대한 불신과 냉소를 바탕으로 기존의 질서와 가치를 전면 부정했다. 1919년 혁명 중인 독일에서 다다이스트 후엘젠벡(Richard Huelsenbeck)과 하우스만(Raoul Hausmann)이 선언 팸플릿을 발표하는데, 그 속에 "첫째, 급진 공산주의를 바탕으로 하여 창조적이고 지적인 남성, 여성의 국제 혁명 연합을 건설하자. 둘째, 오직 실업을 통해서만 개인이 삶의 진리에 대한 확신을 얻고 마침내 경험에 익숙해지는 것이 가능하므로 모든 활동 분야에서 포괄적인 기계화를 통해 점진적인 실업을 도입하자"는 등의 요구사항이 들어 있었다. https://libcom.org/article/what-dadaism-and-what-does-it-want-germany-dadaist-revolutionary-central-council(검색일: 2024년 6월 26일). ──옮긴이

윤곽을 그려낸 것이다. 사회적 생태론은 위계에 의한 지배가 궁극적으로 생태위기의 원인임을 밝혀냈으며, 경쟁적 자본주의 시장이 필연적으로 자연생태계에 전대미문의 파국을 초래할 것임을 강조했다. 당시 살충제의 문제를 다룬 레이첼 카슨Rachel Carson의 《침묵의 봄》이 출간되기도 했으나, 전체적으로 1960년대는 생태계 위기의 문제가 아직 부각되지 않은 때였다. 일찍이 1962년, 사회적 생태론은 태양열, 풍력, 수력과 같은 친환경 에너지를 활용하는 계획을 내놓았으며, 훗날 생태운동 세대에 모델로 자리 잡게 될 대안적 생산 시설에 대한 계획을 이미 내놓았다. 아울러 사회적 생태론은 직접민주주의와 비非위계적 인간관계에 기초한 새로운 생태공동체의 구상도 발표했다. 이런 내용은 심층생태론*이 유사종교적 관점, 희소성의 관점에서

---

* 　심층생태론(deep ecology)은 1973년 노르웨이의 철학자 네스(Arne Næss)가 최초로 사용한 용어로, 인간을 포함한 모든 자연을 통일된 전체로 보아 자연과 인간이 분리될 수 없다고 보았다. 네스로 대표되는 심층생태론자들은 환경문제를 인간적 측면에만 집중하여 해결하려는 자들을 '표층(shallow)' 생태론자라고 비판하며, 모든 생명체는 도구적 유용성과 관계없이 그 고유의 가치가 존중되어야 하고, 인간 사회도 이 관점에서 재구성돼야 한다고 주장한다. 이들은 한 걸음 더 나아가 생태적 세계관으로의 전환을 위해서는 동양의 노장사상, 선불교, 그리고 기독교 영성주의 등의 체득이 필요하다고 주장한다. ─옮긴이

생태운동의 역사를 다시 쓰려고 하는 것과 비교해볼 때 확연히 차이가 난다. 잊지 말아야 할 것은 사회적 생태론의 반위계적 사회 분석이 초기 페미니즘 운동은 물론이고 다양한 공동체 운동과 반핵운동의 이론적 기초가 되었으며, 또한 제도정치에 진입해 선거 기계로 전락하기 이전 시절의 녹색운동에도 여러 가지 방식으로 큰 영향을 미쳤다는 사실이다.

물론 사회적 생태론은 어느 날 **갑자기** 등장한 이론이 아니다. 계몽주의의 이상, 그리고 지난 두 세기의 혁명적 전통이 사회적 생태론의 뿌리다. 사회적 생태론의 사회 분석과 목표는 마르크스, 그리고 크로포트킨Pytor Kropotkin 같은 급진 사상가의 이론을 배경으로 한다. 특히 그들 이론에 내재해 있으면서도 충분히 전개되지 않은 아이디어에 근거한다. 또 사회적 생태론은 1936~1937년 스페인혁명으로 대표되는 과거의 위대한 혁명 유산이 없었다면 불가능한 이론이다. 한편 사회적 생태론은 모든 사상의 신자유주의적 개량 또는 구역질나는 온건 중도주의의 입장에 서서 역사적 의미를 지닌 좌파 전통을 욕되게 하는 모든 시도를 거부한다. 소위 '포스트모더니즘'과 '탈산업주의' 입장이 그런 행보를 보여왔고 '탈유물론적' 영성주의는 두말할 것도 없다. 탈유물론적 영성주의는 에코페미니즘, 라이프스타일 아나키즘*, 심층생태론, 그리고 소위 '사회적 심층생태론' 또는 '심층 사회생태론'이라는 주장에 의해 조성되었다.

사회적 생태론은 이론적 일관성을 지키며 계몽주의와 혁명의 기획을 변질시키려는 모든 시도에 저항한다. 오늘날만 그런 게 아니라 1960년대에 건강한 리버테리언 민중주의로 시작한 신좌파 운동이 점차 레닌주의, 마오주의, 트로츠키주의의 진창으로 빠져들었을 때도 사회적 생태론은 같은 입장을 견지했다. 여러 유사 신비주의 또는 노골적 신비주의의 경향들은 반이성주의와 영성주의 및 구식 이념들을 뒤죽박죽 섞어서 북아메리카와 유럽의 특권적 프티부르주아지를 사로잡고 있다. 사회적 생태론은 이런

---

* 북친은 자신의 저서 《사회적 아나키즘이냐 라이프스타일 아나키즘이냐(Social Anarchism or Lifestyle Anarchism)》(AK Press, 1995)에서 두 종류의 아나키즘을 구분한다. 사회적 아나키즘은 혁명적 사회운동의 기조를 유지하여 위계적이고 계급 차별적인 비합리적 사회를 완전히 변혁하는 것을 최우선의 목표로 삼는다. 반면 라이프스타일 아나키즘은 기존 사회의 틀 내에서 개인의 안녕, 영적 구원, 자아실현의 추구에 초점을 맞춘다. 북친은 라이프스타일 아나키즘이 그저 멋들어진 부티크 생활 방식과 같은 하위문화가 되어가고 있다고 보며 이것이 아나키즘의 혁명적 전통을 훼손하고 그 파편들을 짜깁기해 기존 권력의 틀 내에서 무해한 개인주의적 여피 이데올로기, 사회적응의 이데올로기로 전락하고 있다고 강하게 비판한다. ─옮긴이

신비주의를 거부하기 위해서도 더욱더 단호히 계몽주의와 혁명적 전통의 맥을 유지한다. 사회적 생태론은 오늘날 자본주의가 거의 무한한 능력을 가지고 신좌파와 반문화 운동의 잔해로 남아 있는 자칭 '저항운동들'을 흡수하고 심지어 상업화하고 있다는 사실을 너무도 잘 알고 있다. 예컨대 아나키즘은 오늘날 하킴 베이Hakim Bey, 밥 블랙Bob Black, 데이비드 왓슨David Watson, 제이슨 맥퀸Jason McQuinn 같은 아나키스트들의 전유물이 되었고, 프티부르주아의 기이한 외설적 취미, 고급 취미에 영합하는 상업 이데올로기가 되어버렸다.

생태주의는 그동안 변질의 변질을 거듭하여 결국 다양한 형태의 '심층생태론'이 되어버렸다. 심층생태론은 일반적으로 동물중심적 환원주의, 신맬서스주의적 '기아의 정치', 반인본주의, 생명 또는 '생태' 중심주의를 강조한다. 이들의 입장은 한마디로 패스티시pastiche 같아서, 생태주의를 위계구조의 최정상에 있는 영국 왕족의 입맛에도 맞고 저 밑바닥에 있는 룸펜 아나키스트의 입맛에도 맞는 것으로 바꾸어버렸다. 페미니즘도 처음에는 위계구조 자체에 대한 보편적 저항운동이었다. 하지만 점점 편협하고 이기적이며 심지어는 물질적 이익까지 노리는 에코페미니즘으로 전락했고, 또 다양한 방식으로 젠더 우월성의 신화를 옹호하는 명백한 일신론으로 빠져들었다. 이들의 추악함은 그들이 여성을 옹호한다고 해서 면해지는 게 아니다. 나오미 울프Naomi Wolf 등이 제창한 노골적인 부富 지향의 '페미니즘'은 더 말할 것도 없다.

자본주의는 사람들의 관계만을 점점 더 비이성적으로 만드는 게 아니었다. 자본주의는 한때 그것에 반대했던 의식마저도 이런저런 방식으로 자기 궤도 내로 흡수해버렸다. 일찍이 푸리에는 한 사회가 문명으로서 갖는 위상은 그 사회가 여성을 어떻게 대하는지를 보면 알 수 있다고 예리하게 지적했다. 오늘날의 모습을 보며 한 가지 더 첨언한다면, 한 사회가 문화적으로 얼마나 퇴락했는가는 그 사회가 신비주의와 절충주의에 얼마나 빠졌는가를 보면 알 수 있다. 이 기준들을 적용해볼 때, 20세기 끝 무렵의 자본주의 사회만큼 한때 급진적이었던 저항 세력을 철저하게 변질시킨 사회는 없다.

사회적 생태론의 시대적 의미

이러한 의식의 퇴화현상은 급진적 입장의 대중문화 이론가들이 믿는 것처럼 금세기의 새로운 글로벌 미디어 때문만은 아니다. 자본주의 못지않게 절대주의 시절이나 중세에도 나름의 '미디어'인 교회가 있었다. 당시 교회는 오늘날 텔레비전이 안방 구석까지 영향을 미치듯, 도처에 있으면서 마을 안 구석까지 영향을 미쳤다. 우리가 겪고 있는 문화적 퇴화현상은 생태위기만큼이나 고질적인 것이다. 오늘날 자본주의는 사회관계에 관한 여러 체제 중 하나가 아니라 '역사의 최종 단계'인 양 깃발을 휘날리고 있다. 이런 예찬에 따르면 자본주의는 '인간'의 가장 본원적인 특성, 즉 경쟁, 승리, 성장이라는 표면적인 '충동'이 표출되는 자연스러운 사회다. 수단이 아무리 사악할지라도 그에 관계없이 수단을 목적으로 변질시키는 이런 방식은 단지 '미국식'에 그치는 것이 아니다. 그것은 다름 아닌 부르주아적 방식이다.

오늘날 상품은 경제만이 아니라 문화까지 잠식하면서 삶의 모든 영역을 식민화했다. 자본주의 상품경제는 말 그대로 '사상의 시장'까지 만들어냈다. 오늘날 학계는 이 시대 '최고의 똑똑한 사람들'을 부패시키는 주범이며, 유의미하고 명백한 모든 것을 도려내버리는 세계다. 바로 이들이 사상의 시장에서 미숙한 생각과 사상을 사고파는 주화를 유통하고 있는 것이다. 한때는 학계의 대가들이 소위 '고급문화'를 옹호했다. 그런데 오늘날은 이데올로기를 소재로 한 포르노그래피 제작자로 전락해버린 학술 출판사들이 문화의 질을 아연할 정도로 떨어뜨리고 있다.

부르주아 사회와 문화, 특히 부르주아 학계의 지식 공급업자들은 나름의 신조가 있는 사람들을 피한다. 특히 일관된 원칙에 기초해 분명한 사상 체계를 세우고 자본주의 전체에 반하는 논리를 펼 태세의 사람들을 몹시 싫어한다. 그도 그럴 것이 이론적으로나 실천적으로 큰 반대를 표하는 것은 한 이념의 본질과 논리를 제대로 이해하는 데서 출발하기 때문이다. 완곡한 은유를 일삼고 분명한 입장 없이 표류하는 사람들로부터는 진정한 반대가 나오지 않는다. 자본주의는 그 사회적 전제는 건들지도 않고 생태주의, 페미니즘, 아나키즘, 사회주의란 이름 아래 막연한 생각들만 뒤섞어놓은 잡동사니 사조들을 두려워할 이유가 없다. 그런데도 어리석은 이들은 이런 사조들을 '다원주의'니 '상대주의'니 하며 정당화하기까지 한다. 사람들이 '로고스중심주의'라는 딱지를 붙여 이성을 비난할수록, '산업사회'라는 이름 아래 부르주아적 사회관계를 가려줄수록, 개인의 영적 구원을 강조하며 저항운동을 약화할수록, 정치를 개인의 문제로 축소할수록, 그리고

사회혁명의 기획을 포기한 채 '대안' 기업 운운의 헛된 공동체
운동에 전념할수록 기존 사회질서는 그만큼 더 공고해진다.

이윤이나 '성장할 기회'와 무관한 것이라면 자본주의는
정계와 학계가 즐겨 외치는 소위 '공통점' 찾기와 '타협과
절충'의 필요성을 기꺼이 인정한다. 하지만 언제나 그렇듯이
이런 인정은 표현만 그럴듯할 뿐 결국 자본주의의 틀 내에
한정된 인정일 수밖에 없다. 자칭 '좌파' 간행물에 유행하는
'시장사회주의', 《트럼피터The Trumpeter》 같은 심층생태론
간행물에 등장하는 '사회적 심층생태론', 좀 더 뻔뻔한
것으로는 프랑스 《뉴라이트Nouvelle Droite》의 그람시Antonio
Gramsci 예찬, '녹색 아돌프Green Adolf' 같은 독일의 극우파와
녹색운동의 결합 등이 바로 자본주의가 기꺼이 받아들이는
타협의 예들이다. 호주의 정치학자 로빈 에커슬리Robyn
Eckersley 같은 이는 말 그대로 생물 중심적 방식으로 새의
'항공술'과 인간 뇌의 작용을 비교하는 한편 아무 어려움 없이
심층생태론과 프랑크푸르트학파의 사상을 뒤섞어 요술을
부린다. 소위 학술적 '담론'을 한다며 아무하고나 사귀는 이런
처세는 결국 모든 사상들 사이에 깊숙이 존재하는 근본적
차이점을 흐리는 결과만 초래한다. 그리고 이는 원칙의 타협,
정치적 목표의 상실로 이어지기 마련이다.

거의 모든 저항 사상이 퇴락한 오늘날, 자본주의가 야기하는 사회적, 문화적 파괴를 막기 위해서는 아주 분명한 원칙적 태도를 견지하는 것이 필요하다. 적어도 사회적 생태론자는 '사회적'이란 말만 쓰면 모두 사회주의자가 되고 생태주의자도 급진 생태주의자가 되는 양 착각해서는 절대 안 된다. 이 점은 과거 그 어느 때보다 오늘날 특히 중요하다. 사회적 생태론이 이론적으로나 사회적으로 어떤 의미를 갖는지는 그것이 얼마나 이성적이고 윤리적이며 일관적인지, 그리고 계몽주의의 이상과 혁명 전통에 얼마나 충실한지에 달려 있다. 따라서 상아탑의 학자, 영성주의자, 신비주의자는 물론이고 영국의 황태자, 미국의 환경운동가이자 정치인 앨 고어Al Gore, 미국의 생태주의 시인 게리 스나이더Gary Snyder 같은 이가 어떻게 평가하는가는 사회적 생태론이 유의미한지 아닌지와 아무 관계가 없다. 오늘날 자본주의는 신비로운 사회체제인 양 탈을 쓰고 소위 '협상'과 '타협'이라는 꼼수까지 동원해 전 세계를 자본과 상품의 단일시장으로 만들고 있다. 이 암울한 시대에 단호한 비판의 정신을 고수하는 일은 무엇보다 중요하다. 일관된 태도를 유지하는 것, 현상을 면밀히 분석해 비판하는 것, 문화적 혼란에 저항해 명료성을 추구하는 것은 결코 독단이 아니다. 오히려 절충주의 같은 이론적 혼란상이 진리의 빛을 흐리고 비판의 가치를 절하한다. 아무런 영향력도 없는 연극 조의 과장된 행동, 설득력 없는 가식적 제스처의 행동들은 더 말할 것도 없다. 영적 구원이 아니라 근본적 사회변혁의 목소리를 내는 사회세력이 등장할 때까지, 사회적 생태론은 위대한 혁명의 유산을 지켜내고 확장하는 과제를 스스로 떠맡아야 한다.

자본주의의 야만성이 더 심화되어 이런 기획 자체가 불가능한 지경에까지 이른다면 인간의 역사, 즉 인류가 자유와 자기의식의 잠재력을 이성적으로 전개해온 과정으로서의 역사도 종말을 맞을 것이다.

코뮌주의 프로젝트

2002

21세기가 혁명의 시대가 될 것인가 아니면 가장 반동적인
시대, 우울한 일상의 회색 시대로 전락할 것인가는
전적으로 사회적 급진주의자들이 지난 두 세기의 혁명
경험에서 축적된 이론적, 조직적, 정치적 자산으로부터 어떤
사회운동과 사회 강령을 만들어내는가에 달려 있다. 인류
발전의 여러 전망 가운데 우리가 어느 방향을 택하느냐에
따라 향후 수 세기 동안 인류의 모습이 결정되리라는
것은 너무도 당연한 일이다. 핵무기와 생물무기가 인류를
위협하는 비합리적 사회가 존속하는 한 인류는 파멸적
종말을 맞이할 수도 있다. 오늘날 막대한 위력을 갖는
군산복합체들이 나름의 치밀한 기술적 구상을 하고 있는 한,
21세기로의 전환기에 미디어가 인간 미래의 종말을 운운하고
예측했던 그대로 인간 종의 자기 박멸이 미래 시나리오에

포함될 가능성이 있다.

하지만 상황을 너무 종말론적으로만 봐서는 안
되리라. 분명히 말하건대 인간은 창조력, 기술, 상상력을
가진 존재로서 비상한 물질적 성과를 산출해내는 능력이
있으며 진정 자유로운 사회를 세울 능력을 지니고 있다. 이
사회는 일찍이 생시몽, 샤를 푸리에, 칼 마르크스, 표트르
크로포트킨과 같은 사회 이론가들이 기획했던 극적 해방의
전망을 능가하는 사회가 될 것이다.* 포스트모던 시대의 많은
사상가들이 어리석게도 과학과 기술을 인간 행복에 가장
큰 위협으로 지목해왔다. 하지만 과학과 기술을 빼놓으면
과연 어떤 학문이 인간에게 물질과 생명의 깊은 비밀에 대한
놀라운 지식을 가져다주고, 현실의 주요 특징을 변화시킬
능력, 인간과 자연 생명계의 복지를 증진시킬 능력을 준단

* 여기에 별로 알려지지 않은 몇 사람도 추가할 수 있는데, 그중 마리아
스피리도노바(Maria Spiridonova)만큼은 꼭 언급하고자 한다. 그녀는
러시아 혁명 당시 좌파사회혁명당(Left Socialist Revolutionary Party)
의 용감한 지도자였다. 1917~1918년, 그녀와 지지자들은 러시아 인민을 위한
혁명을 수행하는 과정에서 견줄 수 없을 만큼 탁월한 혁명 강령을 제안한다.
하지만 이들은 정치적 입장을 실현하는 데 실패한다. 첫 소비에트 정부를 구성할
때만 해도 이들은 볼셰비키와 협력했지만, 상호 간 대립이 생긴 후 볼셰비키를
대체하려 시도했고 그것이 좌절된 이후 결국 몰락한다. 그들의 강령이 구현되지
못함으로써 결과적으로 지난 세기 수많은 혁명운동이 비참한 실패로 끝나게
된다.

말인가.

결국 우리는 참된 진보가 아니라 무의미한 사건의 지루한 반복 속에서 잔인한 '역사의 종말'에 이르는 길로 들어서느냐, 아니면 **진정으로** 역사를 만드는 길, 즉 이성적 사회를 향한 진보의 길로 접어드느냐의 갈림길에 서 있다. 우리는 지금 핵 재앙으로 인한 역사의 종말과 같이 불명예스러운 피날레를 맞을 것인지, 아니면 미적으로 관리된 환경과 물질적으로 풍요로운 자유 사회의 구현을 통해 역사적 과제를 이성적으로 실현할 것인지 둘 중 하나를 선택해야 하는 처지에 있다.

지배계급, 즉 부르주아지의 경쟁 기업들은 상대에 대한 지배 헤게모니를 확보하기 위해 끊임없이 기술 개발에 몰두한다. 하지만 이렇게 등장한 기술이 아무리 경이롭다 해도 그 기술은 인간을 위한 기술이라 하기 어렵다. 현재 인류는 인간의 조건과 자연 세계를 엄청나게 발전시키고 개선할 수 있는 능력을 가지고 있다. 이 발전은 자유롭고 이성적인 사회의 건설에도 도움이 된다. 그런데 실제 삶에서는 인간을 물리적으로 족히 파멸시킬 수 있는 사회세력들의 맹공 앞에 우리 모두 벌거벗은 채 노출되어 있다. 미래에 대한 예측은 빈약하기 그지없고 그마저도 사람들은 거의 믿지 않는다. 자본주의적 사회관계는 그 어느 때보다 깊이 사람들의 마음속에 각인되어가고, 문화는 형편없이 퇴락해 거의 사라질 위기에 처했다. 비관주의는 광범위하게 확산되고 있다. 1917~1918년 러시아혁명에서 1939년 스페인 시민전쟁까지 20여 년 동안 사람들을 사로잡았던 희망과 혁명적 확신도 현대인에게는 비현실적인 것으로 간주되고 있다.

더 나은 사회를 창조하겠다는 결단과 그것을 실현하는 방법은 **우리 내부로부터** 찾아야 한다. 신의 도움으로 찾으려 해선 안 된다. 신비한 '자연력'이나 카리스마 있는 지도자에게서 찾아서는 더더욱 안 된다. 더 나은 미래에 이르는 길을 선택할 때 그 선택은 과거로부터 생생한 교훈을 얻어내고 미래의 전망을 바르게 판단하는 **우리 자신의 능력**에 기초해야 한다. 우리는 혼탁한 미신의 음울한 소굴에서 찾아낸 종교적 기행이나 학계의 협곡에서 찾아낸 어리석은 것들에 호소해서는 안 된다. 인간의 의식과 이성의 완성을 가로막는 각종 사회병리와 사건 사고들이 있다. 하지만 우리는 인간의 본질이자 자연과 사회 발전의 **본질적** 특징인 혁신적 속성에 주목해서 그것에 호소해야 한다. 지난날 우리는 상상력이 만들어낸 신비한 종교적 원리에 사로잡혀 살았다. 역사는 **모든 것**이 가능한, 특히 물질적인 면에서 모든 것이 가능한 지점에까지 도달했다. 그런데 지금 우리 인류가 맞고 있는 도전은 전대미문의 것이다. 우리는 적극적으로 우리 자신의 세계를 새롭게 창조해야 한다. 악마적 환상, 어리석은 관습, 파괴적 편견 등이 아니라 인간만이 지닌 **이성**, **성찰**, **토론**의 규범에 호소해서 창조해야 한다.

자본주의, 계급, 위계구조

우리의 선택에서 결정적으로 중요한 고려 사항들은 무엇인가? 오늘날의 혁명가에게 지난날의 사회정치적 경험은 큰 의미를 지닌다. 지식의 보고인 과거 경험을 잘 소화하면, 선구자들이 범했던 결정적 오류들을 피할 수 있다. 또 과거 실패한 혁명이 가져온 무서운 재앙들을 사전에 차단할 수 있다. 사상의 역사 또한 매우 중요하다. 그것이 갖는 잠재력은 새로운 이론적 도약대를 만들어준다는 데 있다. 새롭게 등장하는 급진 운동은 이 도약대의 도움을 받을 때 현존하는 사회 조건을 넘어 인간 해방의 미래를 향해 내달을 수 있다.

그런데 우리는 먼저 당면한 문제들이 얼마나 심각한

것인지를 잘 알아야 한다. 보편적 자본주의 질서의 발전 과정에서 우리가 지금 **어디에** 위치해 있는지 명확히 이해해야 한다. **긴급한** 과제가 무엇인지 알아야 하고 그 문제를 새로운 운동의 기획 속에서 다룰 수 있어야 한다. 자본주의사회는 분명 역사상 가장 역동적인 사회다. 자본주의는 말 그대로 상품교환의 체제로 **지속**돼왔고 앞으로도 그럴 것이다. 이 사회는 모든 물건을 판매와 이윤을 목적으로 만들어내고, 이렇게 만들어진 상품이 인간관계 전체를 관장한다. 하지만 자본주의는 매우 **변덕스러운** 체제이기도 하다. 그것이 밀고 나가는 야만적 원칙에 따르면 어떤 기업이든 상대를 희생시켜 성장하지 않으면 몰락하게 되어 있다. 결국 '성장'과 지속적 변화가 자본주의 생존의 법칙 그 자체가 된 것이다. 이것이 의미하는 바는 무엇인가? 자본주의는 **결코** 한 형태로 지속되지 않는다. 그 기본적 사회관계에서 비롯되는 제도들을 **끊임없이** 변화시켜야 한다.

자본주의가 사회의 지배적 제도로 자리 잡은 건 지난 몇 세기 동안이다. 하지만 오래전부터 자본주의는 사회의 주변에 늘 존재했다. 도시 간 거래, 제국 간 무역이 자리 잡으면서 일종의 상업 형태로 존재했고, 중세 유럽 때는 수공업 형태의 자본주의가 있었으며, 오늘날에는 거대 산업

형태의 자본주의가, 그리고 최근 예언가들의 이야기에
따르면 미래에는 정보산업 형태의 자본주의가 있는 것이다.
자본주의는 새로운 기술만 창출해낸 게 아니다. 자본주의는
매우 다양한 경제적, 사회적 구조도 만들어냈다. 작은 가게,
공장, 거대한 제분소를 만들어냈고 산업단지와 상업단지를
만들어냈다. 과거의 외딴 농가와 소규모 수공업자들이
완전히 사라지지 않았듯이 산업혁명기의 자본주의도 오늘날
완전히 극복되어 사라진 것이 아니다. 과거의 많은 것들은
오늘날의 삶으로 포섭되어 있다. 마르크스도 충고했듯이
'순수 자본주의'란 없으며, 이전 형태의 자본주의는 완전히
새로운 형태의 사회관계가 확립돼 사회의 주도적 형태로
자리 잡기 전까지는 사라지지 않는다. 그런데 오늘날
자본주의는 자신의 목적을 위해 자본주의 이전의 제도와
공존하고 그를 이용하면서도¹ 다른 한편으로는 교외와
시골로까지 팔을 뻗쳐 쇼핑몰과 새로운 양식의 공장들을
속속 세우고 있다. 자본주의는 새로운 상품을 만들어내고
또 이를 통해 새 욕구를 창출하고, 다시 상품으로 그 욕구를
충족시키는 데 그치지 않는다. 자본주의는 새로운 사회적,
문화적 **이슈들**을 만들어내고, 이 이슈들은 기존 체제에 대한
지지자와 반대자를 새롭게 만들어낸다. 잘 알려져 있듯이

마르크스와 엥겔스는《공산당 선언》1부에서 자본주의의 경이로운 발전을 예찬하고 있다. 이 부분은 부르주아계급이 발전하면서 야기한 참사는 물론이고 그들이 이루어낸 새로운 성취들을 고려해 그때마다 수정되어야 할 것이다.

현대 자본주의의 가장 두드러지는 특징 중 하나는 계급구조가 마르크스와 엥겔스의 예상과는 다르게 재편돼왔다는 점이다. 마르크스와 엥겔스는《공산당 선언》에서 '성숙한' 자본주의가 되면 서구 세계는 프롤레타리아트와 부르주아지라는 양대 계급으로 단순화될 것이라고 예언했었다. 물론 여기서 '후기' 자본주의도 아니고 '종말 직전의' 자본주의도 아닌 '성숙한' 자본주의가 무엇인지는 좀 더 논의해봐야 한다. 아무튼 임노동과 자본 사이의 갈등이 사라진 것은 결코 아니지만, 그 둘 사이의 갈등이 과거처럼 그렇게 **모든 것을 포괄하는 중요성**을 지니지는 못하게 되었다는 것이다. 마르크스의 예상과는 달리 산업노동자의 수는 점점 줄어들고 있다. 하나의 계급으로서의 전통적인 동질성도 상실하고 있다. 물론 그렇다고 해서 이 계급이 자본주의적 사회관계 내의 광범위한 잠재적 갈등 구조 바깥에 존재하는 것은 아니다. 하지만 오늘날의 문화, 사회관계, 도시 경관, 생산양식,

농업, 교통은 기존의 프롤레타리아계급, 즉 생디칼리스트와 마르크시스트가 주축이었던 프롤레타리아계급을 일종의 프티부르주아 계층으로 변화시켜버렸다. 그리고 이들 프티부르주아의 정신 상태는 '소비 그 자체를 위한 소비'라는 부르주아의 이상에 감염돼 있다. 그뿐이 아니다. 조만간 우리는 조립라인에 섰던 화이트칼라 혹은 블루칼라의 노동자들이 결국 자동화되고 소형화된 생산수단으로 대체될 시대, 그리고 이들 생산수단조차 컴퓨터와 흰 가운을 입은 소수 기계조작원에 의해 작동되는 시대를 맞게 될지 모른다.

같은 맥락에서, 노동자계급의 생활수준은 크게 향상되었고 그들의 물질적 기대치 역시 엄청나게 높아졌다. 이것은 사회적 의식 형성에 매우 중요한 요인이다. 차상위계층이었던 노동자계급이 한두 세대 만에 상당한 정도의 물질적 풍요에 이른 것이다. 부모나 할아버지는 고졸 정도의 학력에 철강이나 자동차 산업노동자 또는 광부였지만 그들의 자식과 손자는 프롤레타리아계급의 정체성은커녕, 대학 교육을 새로운 계급의 상징으로 당연시하게 되었다. 미국의 상황을 보면 한때 서로 대립하던 계급 이해가 점차 수렴되어 이제는 미국 가정의 절반이 주식이나 채권 등의 유가증권을 가지고 있고, 자택과 정원, 시골의 여름 별장을 소유한 사람들 역시 엄청난 숫자가 되었다.

이런 변화와 더불어 근육질의 구부린 팔에 마치 뼈를 으스러트릴 듯한 해머를 들고 있던 지난날 급진 포스터 속의 노동자 남녀는 고상한 모습에 매너 좋은 소위 '일하는 중간계급'으로 변해버렸다. "만국의 노동자여 단결하라"던 과거 외침의 역사적 의미도 점점 옅어지고 있다. 마르크스와 엥겔스가 《공산당 선언》에서 그토록 일깨우고자 했던 프롤레타리아트의 계급의식은 서서히 상실돼왔으며, 많은 곳에서는 사실상 사라져버렸다. 부르주아계급이 현 인간 조건의 심각한 문제들을 해결할 수는 없다. 또 생존과 관련된 계급투쟁이 사라진 것도 아니다. 하지만 오늘날 계급투쟁이 전반적으로 개별 공장이나 사무실 차원으로 축소되고 있다는 사실을 간과해선 안 된다. 이런 점들을 분명히 인식해야만 당면한 보편적 투쟁 속에서 등장하는 새로운 형태의 광범위한 사회의식을 포착할 수 있다. 이 점은 특히 급진주의자들이 명심해야 한다. 새로운 형태의 사회의식의 등장은 프랑스혁명기 **시민**citoyen 개념의 부활을 의미한다. 시민은 프랑스대혁명에서 매우 중요한 역할을 했다. 이 개념은 넓은 의미의 인본주의적 사회성을 내포한 개념이다. **시투와앙**이란 말은 이후 붉은 프랑스 수탉의 울음에 때맞춰

바리케이드에 모인 혁명가들이 서로를 부를 때 사용하는 호칭이 되었다.

전체적으로 볼 때 오늘날 자본주의가 만들어낸 사회적 조건은 마르크스나 프랑스의 혁명적 생디칼리스트들이 예언한 계급 단순화의 논리와 상당히 어긋난다. 자본주의는 제2차세계대전 후에 엄청난 변화를 겪었다. 과거의 프롤레타리아가 임금 상승, 노동시간, 노동조건에 대해 요구했다면 전후 자본주의는 빠른 속도로 발전하면서 이런 이슈들을 넘어선 **새로운 사회적 이슈들**을 만들어냈다. 대표적 예가 환경문제와 젠더문제, 그리고 위계질서와 도시 시민 및 민주주의 관련 이슈들이다. 더 나아가 자본주의는 지구 표면의 모습을 변화시키는 기후변화, 그리고 지구 전체를 지배하는 몇몇 나라의 횡포, 또 풀뿌리 정치의 기반인 도시 시민 생활을 붕괴하는 과다한 도시화 등을 통해 인류에 대한 위협을 **전면화**하고 있다.

계급 못지않게 오늘날에는 각종 위계구조도 문제가 되고 있다. 다양한 사회 분석에 따르면 관리자, 관료, 과학자 같은 사람들이 새로운 지배 집단이 되어버렸다. 전과 달리 계층과 이해관계의 다변화가 진행되고 있다. 과거에는 임노동과 자본 사이의 갈등이 중심 이슈였고 사회주의자들은 바로 이 갈등을 타파하기 위해 애썼지만, 오늘날 다양한 계층과 이해관계의 등장은 이런 대립 구도를 희미하게 만들고 있다. 기존의 계급 범주는 오늘날 새롭게 등장한 인종, 젠더, 성적 지향, 민족과 지역 등의 문제에서 비롯된 새로운 위계 범주와 뒤섞이고 있다. 위계구조가 동반하는 **지위 분화**와 계급 분화는 한데로 수렴되는 경향이 있다. 하지만 오늘날의 **전반적** 자본주의 세계에서는 인종, 민족, 젠더 차별의 문제가 계급 문제보다 더 중요한 경우가 많다. 이런 현상이 오늘날에만 국한된 것은 아니다. 제1차세계대전 중 독일의 수많은 사회주의 노동자들은 프랑스와 러시아의 사회주의 노동자들을 총칼로 찔렀다. 초기에는 붉은 깃발 아래 만국 노동자의 단결을 선언했지만 시간이 흐르면서 이 약속을 저버린 것이다. 어찌된 일인지 독일의 사회주의 노동자들이 살찐 기생충 같은 지배자들이 내건 민족의 깃발 아래 모여 인접국 노동자들에게 총을 들이댄 것이다. 인접국인 프랑스와 러시아의 노동자들 역시 같은 길을 걷는다. 그들 역시 압제자가 내건 민족의 깃발 아래 모였던 것이다.

한편 자본주의는 어쩌면 가장 중요한 새로운 모순을 야기하고 있다. 바로 무한 성장에 기초한 경제와 자연환경의 고갈 사이의 충돌이다.[*] 먹을거리와 마실 공기에 대한 인간의 요구는 물론이고 이 충돌과 그로부터 파생되는 문제들은 결코 작은 문제가 아니다. 사회주의를 배태한 서구에서 오늘날 의미 있는 투쟁은 임금과 노동조건을 둘러싼 것보다는 오히려 핵에너지, 오염, 삼림파괴, 도시 황폐화 문제, 그리고 교육, 건강보험, 공동체적 삶, 개발도상국 민중 억압의 문제 등을 둘러싸고 이루어지고 있다. 이런 점은 산발적으로나마 고조되고 있는 반세계화 운동에서 엿볼 수 있다. 반세계화 운동에서는 블루칼라, 화이트칼라 '노동자들'이 중간계급 인본주의자들과 어깨를 나란히 하고 행진하는데, 이것은 이들 공통의 사회적 걱정거리가 있음을 의미한다. 사실 프롤레타리아 투사와 중간계급 투사를 분간하기도 어려워졌다. 전투적 의지를 특징으로 하던 건장한 노동자들은 오늘날에는 연극패의 뒤를 따르고 있다. 연극패들이 앞서 공연을 하고 참가자들 모두는 함께 즐기면서 행진한다. 오늘날의 노동계급, 중간계급 구성원들은 실로 다양한 사회적 모자를 쓰고 있다. 다시 말해

---

*   솔직히 나는 이 모순이 이윤율 저하의 경향보다 더 근본적인 것이라 생각한다. 19세기와 20세기 초 마르크스주의자들은 이러한 경향, 즉 이윤율이 저하되다 결국 자본주의적 교환이 작동 불능 상태에 빠진다는 논리를 중시했다. 하지만 이 경향은 현실에서 쉽게 확인되지 않는다.

그들은 경제적 이유뿐 아니라 문화적 이유에서도 직간접적인 여러 방식으로 자본주의에 도전하고 있다.

우리가 어느 방향으로 나아가야 할지를 판단할 때, 자본주의는 조절되지 않을 경우 머지않은 미래에 오늘 **우리가 알고 있는 체제와는 상당히 다른** 체제가 될 것이라는 사실을 무시해서는 안 된다. 자본주의의 발전은 향후 몇 년 사이에 사회적 지평을 크게 변화시킬 것으로 예상된다. 21세기가 진행되면서 도덕 가치와 미학, 미디어와 대중의 욕망 등은 물론이고 공장과 사무실, 도시와 주거지역, 산업과 상업, 농업 등의 모습이 엄청나게 달라질 것이다. 전통적으로 자본주의가 야기해온 이슈는 어떻게 하면 계급으로 나뉘어 착취당하는 인류가 평등하고 조화로운 발전을 이루고 자유에 기초한 사회를 만들어낼 것인가의 문제였다. 하지만 지난 세기를 거치면서 자본주의의 사회적 쟁점들은 이런 문제를 넘어서 19세기와 20세기 초 해방 이론가들로서는 거의 예상치 못한 문제들로까지 확대되었다. 오늘날 **인간 사회는** 끝없는 '수지타산'과 '투자 선택'의 논리에 젖어 **하나의 넓은 착취의 장터**로 전락할 위기에 처해 있다.[*]

---

[*] 한 사회는 그 기술발전의 잠재력을 다할 때 사라진다고 마르크스는 주장했다.

사람들, 곧 대중도 과거의 진보적 사회주의자들이
생각했던 것과는 너무도 다르게 변하고 있으며 향후 수십
년간은 더욱 그럴 것이다. 자본주의가 초래하고 있는
변화들, 그리고 그것이 야기하는 새롭고 광범위한 모순들을
주의해야 한다. 그러지 못할 경우 우리는 지난 두 세기
동안 거의 모든 혁명운동을 실패로 이끈 치명적인 오류를
반복하게 될 것이다. 새로운 혁명운동이 과거로부터 배워야
하는 가장 중요한 교훈은 **광범위한 중간계급을 설득**해
새로운 민중적 기획에 참여시켜야 한다는 점이다. 불만에
찬 프티부르주아의 도움 없이는, 자본주의를 사회주의로
대체하는 시도는 과거에도 그랬지만 앞으로도 **일말의
가능성**도 없을 것이다. 러시아혁명기의 인텔리겐치아와
제복 입은 농민, 1918~1921년 독일혁명기의 지식인, 농민,
상점 주인, 은행원, 공장 관리, 심지어 정부 관리들이 바로

하지만 자본주의는 때로는 아주 놀라울 정도로 끊임없는 기술혁명을 이루고
있다. 마르크스는 이 점에서 오류를 범했다. 즉 기술이 정체되면 그 결과로
자본주의적 사회관계의 체제가 종말을 고한다고 보기 어려워진 것이다. 새로운
이슈들이 자본주의 전체 시스템의 효력에 도전함에 따라 무엇보다 정치와
생태의 영역이 점점 더 중요해질 것이다. 잘못하면 우리는 자본주의가 전 세계를
퇴락시켜 재와 폐허만을 남기는 길에 직면할 것이다. 이 길은 로자 룩셈부르크
(Rosa Luxemburg)가 팸플릿 〈유니우스(Junius)〉에서 경고한 "야만적
자본주의"의 길이다.

그 프티부르주아들이다. 지난 세기 가장 유리했던 혁명 기간에조차 볼셰비키, 멘셰비키, 독일 사회민주주의자, 러시아 공산주의자는 각각의 입법부에서 **한번도** 절대다수를 점한 적이 없다. 소위 '프롤레타리아혁명'은 **언제나** 소수자의 혁명이었다. 심지어 **프롤레타리아계급 내부에서조차** 그들은 소수였다. 성공한 혁명도 얼마 후 진압되거나 시간이 흐르면서 혁명운동으로부터 이탈했다. 게다가 잠시나마 성공한 이들 혁명도 사실은 부르주아계급이 군대의 적극적인 지지를 잃고 사회적으로 퇴락했거나 사기가 꺾였을 때였다는 점을 인지해야 한다.

마르크스주의, 아나키즘, 생디칼리슴

우리가 목격한, 그리고 현재도 진행되고 있는 변화를 고려해볼 때 사회적 급진주의자들은 더 이상 초기 산업혁명기의 이데올로기와 방법을 사용할 수 없다. 초기 산업혁명기는 개별 공장의 프롤레타리아가 개별 공장주에 맞서던 시기였다. 한편으론 엄청난 창조력을 지녔지만 다른 한편으론 약탈을 본질로 하는 현대 자본주의에 대항하는 데 당시의 이데올로기와 방법을 사용할 수는 없다(더군다나 몰락 농민이 봉건, 반半봉건 토지소유자에 대항해 싸울 당시의 이데올로기를 사용해선 더더욱 안 된다). 자본주의에 명백히 반대했던 과거의 이데올로기들이 있다. 마르크스주의, 아나키즘, 좀 더 생디칼리슴, 그리고 좀 더 일반적인 유형의 사회주의들이다. 이들은 자본주의 발전의 초기 단계, 기술발전 초기 단계에서는 일정한 의미를 지녔었지만 오늘날에도 과거와 똑같은 의미를 지닌다고 봐서는 안 된다. 이들 중 어느 것도 자본주의가 시간이 흐르면서 새롭게 야기해온 여러 가지 이슈, 기회, 문제, 이해관계를 포괄한다고 보기는 어렵다.

마르크스주의는 사회주의 체제를 만들려는 가장 포괄적이고 일관적인 시도이다. 마르크스주의는 새로운 사회 건설을 위해서는 역사적 전제조건으로 주체적 측면뿐 아니라 물질적 측면도 필요하다고 강조한다. 이 기획은 오늘날 매우 중요하다. 자본주의 이전 경제의 해체는 여전히 진행되고 있다. 또 상대주의와 주관주의가 만연하는 등 지적으로도 혼란하다. 한때는 학계가 이념의 후퇴를 막는 보루 역할을 했지만 오늘날에는 이를 도피처로 삼는 수많은 속물들이 등장했다. 사회주의를 향해 분투하는 마르크스주의는 이런 속물들에 절대 굴복해서는 안 된다. 우리는 마르크스에게 큰 빚을 지고 있다. 마르크스의 노력 덕에 상품과 상품관계에 대한 일관되고 명쾌한 분석이 가능해진 것이다. 마르크스의

운동 철학, 체계적인 사회 이론, 객관적으로 뒷받침된 '과학적'
역사 발전 개념, 유연한 정치 전략 또한 우리에게 큰 가르침이
되고 있다. 마르크스의 정치학은 당시 지리멸렬했던
노동자계급의 요구와 관련해, 특히 1840년대 영국
산업자본가계급에 의해 모진 압제를 당하던 노동자계급의
상황과 관련해 매우 의미 있는 것이었다. 이런 점은 얼마
후의 프랑스, 이탈리아, 독일의 상황, 그리고 마르크스 생애
마지막 10년간의 러시아 상황에도 적용된다. 러시아에서
인민 운동(가장 유명한 것으로 **인민의 의지파**Narodnaya Volya를 들
수 있다)이 등장하기 전까지만 해도 마르크스는 부상하는
프롤레타리아계급이 유럽과 북아메리카 인구의 절대다수가
된다고 보았으며 이들이 자본주의적 착취와 궁핍의
결과로 불가피하게 혁명적 계급 전쟁에 뛰어들 것이라고
예상했다. 실제로 마르크스 사후, 특히 1917년에서 1939년
사이에 유럽은 날로 확대되는 계급 전쟁에 포위되었고
전면적인 노동자 봉기도 발생했다. 1917년 레닌과
볼셰비키는 세계사에 벌어진 **예외적** 상황에 힘입어, 특히
제1차세계대전의 발발로 유럽의 준봉건적 사회체제들이
극도로 불안정한 상태에 빠진 기회를 이용해 권력 장악의
길에 나선다. 러시아는 유럽과 아시아에 걸친 열한 개의

표준시간대를 포함할 정도로 광대하며 경제적으로는 매우 낙후된 상태였다. 이때 레닌과 볼셰비키는 마르크스의 저작들을 (상당히 변조된 형태로) 활용한다.*

하지만 우리가 이미 보았듯이 마르크스의 경제학적 통찰은 대부분이 19세기의 초기 공장제 자본주의 시대의 것이었다. 마르크스주의는 사회주의의 물질적 **전제조건**을

---

* 내가 여기서 예외적 상황이라고 한 데는 이유가 있다. 마르크스주의의 기준에 따르면 1914년 당시 유럽은 객관적으로 사회주의혁명을 위한 조건이 갖춰져 있지 않았다. 사실상 대륙의 상당 부분에서 아직 자본주의적 시장도 부르주아적 사회관계도 확립되지 않은 상태였다. 프롤레타리아트 인구도 아직은 농민과 소생산자의 바다 한가운데 떠 있는 부표 정도의 소수자 집단에 불과했고, 중요한 계급 세력으로 성장하려면 시간이 필요한 처지였다. 플레하노프(Georgi Plakhanov), 카우츠키(Karl Kautsky), 베른슈타인(Eduard Bernstein)은 한편으론 많은 비난을 받았지만 다른 한편으론 마르크스의 사회주의가 프롤레타리아의 의식 속에 자리 잡는 게 쉽지 않다는 것을 레닌보다도 더 잘 알고 있었다. 룩셈부르크는 마르크스주의당의 역할에 대한 태도에서 '사회주의적 애국주의'와 '국제주의' 양 진영을 두고 고민하고 있었다. 이는 전시 사회주의 좌파 내의 소위 '조직 문제'와 관련하여 그녀와 반대 입장에 섰던 레닌과는 사뭇 대조되는 입장이었다. 레닌은 당시 상황 여하를 불문하고 '프롤레타리아독재'의 수립을 준비하고 있었던 것이다. 제1차세계대전은 얼마든지 피할 수 있는 전쟁이었다. 전쟁의 여파로 등장한 것은 프롤레타리아혁명이 아니라 민주주의 혁명, 민족주의 혁명이었다(이와 관련해 당시의 헝가리와 바이에른의 '소비에트' 공화국도 마찬가지지만, 볼셰비키 치하의 러시아 역시 '노동자의 국가'는 아니었다). 급기야 1939년이 되면 유럽은 불가피하게 전쟁 상황으로 빠져든다. 당시 나는 혁명 좌파의 일원이었지만, 혁명 좌파가 당시 소위 '국제주의' 입장을 취하며 연합군에 대한 지지를 거부한 것은 심각한 오류였다. 잘 알다시피 당시 연합군은 비록 그 내부에 제국주의적 병리를 안고 있었지만 세계 파시즘의 첨병인 제3제국에 대항해 싸웠다.

밝히는 데에 매우 뛰어난 이론이었다. 하지만 마르크스 이론은 생태주의와 도시 시민의 중요성, 즉 인류를 혁명적 사회 변화의 길로 밀고 나갈 수 있는 주체 세력 내지 **동력인**efficient cause들에 대해선 충분히 알지 못했다. 게다가 마르크스주의는 거의 한 세기 동안 이론적으로 별 진전 없이 정체되었다. 그 결과 마르크스주의 이론가들은 새롭게 전개된 많은 문제들 앞에서 당황하였으며, 특히 1960년대 이후 등장한 생태주의, 페미니즘 사상은 기존의 도식적인 **노동자 중심적** 세계관을 뒤흔들어 놓았다.

아나키즘의 경우를 보자. 아나키즘 역시 현대의 도시 산업 환경에는 맞지 않는 이데올로기다. 내가 보기에 **진성** 아나키즘은 특유의 개인주의적 세계관에 기초하고 있다. 일체의 구속이 없는 자유로운 삶을 추구하고, 대중행동은 이런 개인주의적 자유 생활에 반하는 것으로 간주하곤 한다. 아나키즘은 현대의 이론이라기보다는 가내 농업과 수공업이 주종을 이루던 프루동 시대에 걸맞는 이론이다. 나도 한때 아나키스트를 자처했다. 하지만 얼마 되지 않아, 거기에 일부 신선한 경구와 통찰이 있음을 인정하더라도 아나키즘은 한마디로 사회 이론이 아니라는 결론을 내릴 수밖에 없었다. 한편 최고의 아나키스트들은 여러 사상으로부터 좋은 것들을 끌어모으며 그런 절충주의를 자랑스럽게 이야기하곤 한다. 예컨대 프루동은 다소 과장되게 이론의 '역설'과 '모순'이 해방적 효과를 낳는다고까지 말한다. 이런 맥락에서 지난날 소위 '아나키'의 이름 아래 전개된 많은 사회경제 사상이 실은 마르크스주의에서 빌려온 것이라는 주장도 가능하다. 내가 사용한 '희소성 이후의 시대'란 개념도 (이것 때문에 내 글을 읽은 많은 아나키스트들이 분노했었지만) 마르크스주의에서 가져온 개념이다. 이처럼 아나키스트들이 사회주의의 용어를 사용함에 따라 **도대체 그들의 정체가 무엇인지** 헷갈리게 만들고 있다. 어느 때는 개인의 자유와 자율을 강조하는 개인주의자 같은데, 또 어느 때는 구조와 제도 측면에서 사회개혁을 강조하는 사회주의자 같기도 하다. 실제 모습은 어떠했나? 지난 역사를 보면 아나키즘 '이데올로기'는 종종 상궤를 벗어나 기행에 가까운 몇몇 개인 특유의 반항 행동으로 점철돼왔다. 분명 이런 행동들이 많은 청년과 탐미주의자를 매료시키긴 했지만 말이다.

사실상 아나키즘은 국가에 공개적으로 저항하는 영웅적 행동을 찬양하는 점에서 잘 나타나듯이 '구속 없는 자율'이라는 자유주의 이데올로기의 극한 형태라 할 수 있다. 아나키즘은 **자기** 규율, 즉 자치의 신화를 신봉하는 가운데 **사회 위에 있는 개인, 심지어 사회에 반하는 개인**을 옹호할 뿐 아니라 **개인들은 공동체의 복지에 아무런 책임이 없다**는 식의 극단적 주장을 하기까지 한다. 이들의 신화는 니체가 주장하는 전면적 권력에의 의지로도 이어진다. 일부 공공연한 아나키스트는 대중의 사회적 행위가 무익한 것, 또 개인의 이해관계와 무관한 것이라고 비난한다. 그들은 한때 스페인 아나키스트들이 그루피스모grupismo'소그룹 운동'이란 뜻라 불렀던 행동 방식을 맹목적으로 숭배했다. 이 운동은 사회적 행동이 아니라 극히 개인적인 행동을 예찬하는 운동이었다.

아나키즘은 때로 혁명적 생디칼리슴과 혼동되곤 한다. 그런데 생디칼리슴은 고도로 조직화된 리버테리언적 노동조합운동으로서 **대중**운동으로 전개돼왔다. 이 운동은 줄곧 아나키즘과는 달리 민주적 절차*를 중시했으며 실천에 있어서도 기율이 있었고, 궁극적으로는 자본주의를 지양하기 위한 장기적 전망하의

---

*   예를 들어 아나키스트 크로포트킨은 〈아나코-코뮤니즘: 그 기초와 원리
     (Anarchist Communism: Its Basis and Principles)〉에서 "다수결 원칙은
     다른 모든 지배가 그렇듯이 결함이 있는 제도"라면서 민주적 의사결정 절차를
     거부한다. Roger N. Baldwin, *Kropotkin's Revolutionary Pamphlets*,
     Dover, 1927, p.68.

혁명적 실천에 전념해왔다. 생디칼리슴과 아나키즘의 유사성은 그들 공통의 강한 리버테리언적 경향에서 비롯된다. 하지만 양 진영이 서유럽과 북아메리카에서 긴 역사에 걸쳐 지독히 반목했다는 점에 주목해야 한다. 리버테리언 운동사에서 생생한 사례를 찾아볼 수 있다. 20세기 초 스페인의 생디칼리스트 신문《토지와 자유Tierra y Libertad》와 관련한 아나키스트 집단과 아나코-생디칼리스트 노동조합 연합인 전국노동총연맹Confederación Nacional del Trabajo, CNT 사이의 갈등, 1917년 러시아혁명기 아나키스트 집단과 혁명적 생디칼리스트 사이의 갈등, 미국의 세계산업노동자연맹Industrial Workers of the World, IWW과 스웨덴의 아나코-생디칼리스트 노동조합연맹Sveriges Arbetares Centralorganisation, SAC 사이의 갈등 등이 그것이다. 미국의 노동운동가 조 힐Joe Hill[**]은 1915년 억울한 누명을 쓰고 처형되기 전날 "슬퍼하지 말라, 조직하라!"라는 유명한 말을 남기는데, 이는 당시 미국 아나키스트들을 향한 비난조의

[**]   스웨덴 태생의 미국 노동운동가(1879~1915). 캘리포니아주 산페드로 부두 노동자로 일하며 세계산업노동자연맹에서 활동했고, 노동자의 권익 향상을 위한 조직 운동에 헌신했다. 1914년 한 살인사건의 범인으로 몰려 1915년 처형되었다. 가수 조안 바에즈(Joan Baez)는 1969년 우드스탁 공연에서 그를 기리는 노래 〈조 힐(Joe Hill)〉을 불렀다. —옮긴이

충고였다. 하지만 사실 아나키스트들의 운동 방식인 소그룹 운동은 조 힐, 또는 스페인 리버테리언 운동의 잘못 알려진 우상 살바도르 세기Salvador Seguí의 '조직'과는 전혀 다른 것이다. 혁명적 생디칼리스트들이 '리버테리언'이란 말을 즐겨 사용했기 때문에 일부 아나키스트들이 잘못 판단하여 그들과 함께했던 측면도 있다. 이처럼 명확한 이념적 동질성 때문이 아니라 동일한 언어 사용으로 상호 공생한 사례로 스페인 아나키스트 페데리카 몬세니Federica Montseny로 대표되는 이베리아아나키스트연맹Federación Anarquista Ibérica, FAI과 그 산하 단체인 후안 프리에토Juan Prieto*로 대표되는 전국노동총연맹을 들 수 있다. 전국노동총연맹은 실체가 불분명한 매우 복잡한 조직이었다.

혁명적 생디칼리슴의 운명은 어떠했는가? 한마디로 일종의 **노동자 중심주의**의 결함을 벗어나지 못했다. 그도 그럴 것이 혁명적 생디칼리슴의 철학과 역사 이론, 정치경제학은 단편적으로든 간접적으로든 결국 마르크스에서 비롯된 것이었다. 그래서 20세기 초 조르주

---

*   스페인의 아나키스트 후안 페이로(Juan Peiró, 1887~1942)의 오기인 듯하다.
      —옮긴이

소렐을 비롯한 여러 혁명적 생디칼리스트들은 자신들을
마르크시스트로 여겼으며 아나키즘을 멀리했다. 혁명적
생디칼리슴의 문제는 또 있었다. 총파업 이외에 별다른
사회변혁 전략이 없었다. 가령 러시아에서는 유명한 1905년
총파업이 있었다. 그런데 이런 노동자 봉기는 잠시 불붙다가
결국 아무 결실도 맺지 못했다. 총파업은 국가에 대한 정면
대결의 서막 역할을 하지 못한다. 혁명적 생디칼리스트들은
사회변혁 수단으로서의 총파업이 불가사의한 역량을
갖는다고 이야기하지만 지난 역사를 보면 그런 역량은
드러나지 않았다. 혁명적 생디칼리슴의 명백한 한계는
일시적이고 우연적인 직접행동으로서의 총파업은 혁명과
동일시될 수 없다는 점, 심지어는 대중운동으로서의
사회변혁 운동과도 동일시될 수 없다는 데 있다. 대중적
사회변혁 운동은 수년에 걸친 배태 기간과 나름의 방향성을
가지고 있다. 혁명적 생디칼리슴은 노동자 중심주의 특유의
반지성주의 성향을 가지고 있어서 혁명의 목적과 방향을
수립하려는 일체의 시도를 경멸한다. 그들이 숭배하는
것은 프롤레타리아의 '자발성'인데 이 자발성은 경우에
따라 그들을 최악의 자멸 상황으로 몰고 갔다. 스페인
생디칼리스트들(그리고 아나키스트들)은 상황에 대한 분석

방법이 없었으므로 1936년 프랑코 세력에 승리한 다음에도 그들이 처한 상황을 제대로 이해하지 못했고, 결국 노동자 농민 정부를 수립하는 '다음 단계'로 나아가지 못하는 한계를 드러냈다.

이상의 고찰을 종합해보면 마르크스주의자, 혁명적 생디칼리스트, 아나키스트는 공히 **정치**에 대해 뭔가를 오해하고 있다. 정치란 시민의 장으로 이해되어야 하고, 사람들이 공동체의 일을 민주적으로 직접 처리할 수 있게 하는 제도로 이해되어야 하는데 이런 점을 제대로 보지 못한 것이다. 국정 운영과 정치는 근본적으로 다른 것일 뿐 아니라 상호 반대되는 긴장 관계에 있음에도 불구하고 좌파들은 계속 이 둘을 같은 것으로 혼동해왔다.[2] 내가 다른 글에서도 지적했지만, 역사적으로 볼 때 정치는 국가에서 비롯된 것이 아니다. 국가는 기본적으로 특권계급의 이해관계 아래 시민을 지배하고 손쉽게 착취하기 위해 고안된 기구이다. 반면 정치란 그 뜻 자체가 자유 시민이 공동체의 일 처리와 자유 수호에 적극 개입하는 것을 의미한다. 정치는 1790년대 프랑스의 혁명가들이 일컫던 **시민주의***의 '구현'이라 해도

---

* 적절한 용어가 없어 '시민주의'라 옮긴 'civicisme'은 시민이 시정에 참여함을

지나치지 않다. 'politics(정치)'란 단어 자체가 그리스어 'polis(도시)'에서 비롯되었다. 그리고 고대 아테네에서 이 말은 늘 **민주주의**와 함께 사용되며 '시민에 의한 도시의 **직접 지배**'를 의미했다. 그러다 수 세기에 걸쳐 이런 시민 참여의 정치가 퇴락하고, 특히 계급이 형성되면서 필연적으로 국가가 등장하고 그 국가에 의한 정치 영역의 침식과 합병이 이뤄졌던 것이다.

좌파의 결정적 특징 중 하나는 마르크시스트, 아나키스트, 혁명적 생디칼리스트 모두 정치 영역과 국가 영역은 원칙적으로 **다른 것이 아니다**라고 믿는 데 있다. 잘 알려져 있듯이 마르크스는 (리버테리언과 마찬가지로) 국민국가든 '노동자 국가'든 국가는 곧 경제적, 정치적 권력의 중심이라고 강조만 했지, 어떻게 노동자가 관료 세력이나 국가기관(리버테리언의 표현을 사용하면 정부기관)의 중재 없이 그런 국가를 **직접적이고 온전하게** 통제할 수 있는지 제시하는 데는 실패했다. 결국 마르크스주의자들은 '노동자 국가'라는 정치 영역도 프롤레타리아 계급 이해에 기초한 일종의 억압적 기구로 간주할 수밖에 없었다.

의미한다. —옮긴이

혁명적 생디칼리슴은 경제 영역 밖에 존재하는 민중의 조직 따위는 불필요한 것으로 보았다. 이들은 노동자로 구성된 공장위원회와 연방의 경제협의회를 사회적 권위의 중심으로 보고 이들에 의한 **공장 관리**를 역설했다. 아이러니하게도 이들은 심한 경제결정론에 빠졌고, 1936년 스페인혁명 과정에서 드러났듯이 아무런 결실을 맺지 못했다. 정부 권력의 대부분이, 즉 군사에서 사법행정에 이르는 상당한 권력이 스페인 스탈린주의자와 자유주의자들의 손아귀에 쥐어졌고 이후 이들은 리버테리언 운동, 그리고 한 소설가가 "스페인 아나키즘의 짧았던 여름"이라 일컫은 1936년 7월 생디칼리스트 노동자들의 혁명적 성과까지 모두 무너뜨려 버렸다.

아나키즘은 어땠나. 아나키즘 숭배자의 전형적 견해는 1871년 바쿠닌의 글에 잘 나타난다. 그에 따르면 새로운 사회질서는 "도시와 농촌의 노동계급이 비정치적이고 반정치적인 사회세력으로 성장해 조직화될 때에만 달성 가능하다". 그런데 이 이야기는 그 무렵 바쿠닌이 이탈리아에서 승인한 지역자치의 정치와는 전혀 어울리지 않는다. 아나키스트들은 오래전부터 모든 **정부**를 곧 **국가**로 간주하여 비판했다. **모든** 종류의 사회조직을 제거해야

한다는 그들의 주장과 일맥상통하는 얘기다. 하지만 국가와
정부는 다르다. **국가**는 **억압하고 착취하는** 계급이 피착취
계급을 규제하고 강제적으로 통제하는 수단임이 분명하지만,
정부 내지 **정치**는 협의가 필요한 삶의 문제를 평화롭고
공정한 방식으로 다루기 위해 고안된 제도들의 총체다.
공무를 처리하는 시스템으로서의 모든 제도화된 협의 기구는
국가의 존재 여부와 무관하게 **정부**의 형태일 수밖에 없다.
한편 모든 국가는 분명 정부의 한 형식이긴 하지만 계급
억압과 통제를 위한 폭력의 수단이다. 마르크스주의자와
아나키스트에게는 모두 곤혹스러운 것이지만, 피억압
민중들은 수 세기에 걸쳐 군주, 귀족, 관료 계급의 횡포에
저항해 **헌법**의 제정, 입헌정부의 수립, 심지어 **법률과 규범**의
제정을 요구했다. 그뿐인가. 이를 문서로 공식 천명하는
운동을 해왔다. 이런 점에서 볼 때 리버테리언들이 정부
자체를 반대하고 심지어 법률까지 반대하는 것은 자기
꼬리를 삼키는 뱀처럼 어리석은 일이다. 그럴 경우 남는 것은
아무런 실체도 없는 망막의 잔상뿐이다.

지금까지 살펴본 문제들은 학문적 관심사
이상의 것이다. 21세기에 진입하고 있는 지금 사회적
급진주의자들에게 필요한 사회주의는 리버테리언적이고

혁명적인 사회주의다. 이것은 아나키즘의 핵심인 농촌 수공업자 '연합주의'의 확장이 아니다. 또 혁명적 생디칼리슴이나 마르크스주의의 프롤레타리아 중시 사상과도 다른 것이다. 오늘날 청년들 사이에 전통적인 이데올로기들(특히 아나키즘)이 유행하고 있다. 하지만 마르크스 사상뿐 아니라 리버테리언 사상에 기초하고 있으면서도 이들 낡은 이론을 넘어서는 참으로 진보적인 사회주의는 지적 리더십을 제공할 수 있어야 한다. 만일 오늘의 정치적 급진주의자들이 마르크스주의, 아나키즘, 혁명적 생디칼리슴을 마치 불멸의 이념인 양 간주하여 액면 그대로 소생시키려 한다면 이는 의미 있는 급진 운동의 전개에 장애가 될 것이다. 새롭고 포괄적인 혁명 전망이 필요하다. 그리고 이 전망은 끊임없이 변하고 있는 자본주의 체제 내에서 **대부분의** 사회가 겪게 될 보편적 문제들을 체계적으로 다룰 수 있어야 한다.

　　무한 확장 논리에 기초한 약탈적 사회가 자연생태계와 충돌하고 있다. 이 충돌은 현 사회의 위기를 밝혀 해명하고 제대로 된 급진적 변혁 논리를 제공하는 새로운 사상 체계를 요구한다. 지난 수십 년에 걸쳐 사회적 생태론은 사회발전에 관한 일관된 비전으로 자리 잡았다. 사회적 생태론은

위계구조와 계급이 상호작용을 통해 인류 문명화에 어떤
영향을 미쳤는지 해명했으며, 인간과 자연이 호혜적 균형을
이루도록 사회관계를 재구성할 것을 역설해왔다.

지나치게 단순한 이념인 '에코-아나키즘'과 달리, 사회적
생태론은 생태적으로 구성된 사회란 과거로 돌아가는
형태여서는 안 되며 앞으로 전진해야 한다고 주장한다.
그래서 사회적 생태론은 에코-아나키즘처럼 원시적 삶, 내핍
생활, 극기 등을 강조하지 않고 오히려 물질적 향유와 여유를
강조한다. 사람들이 즐겁게 사는 사회를 만들기 위해서는
과학기술을 적극 활용해야 한다. 그뿐만 아니라 사람들이
문명 창조와 정치활동에 적극 참여하려면 지적, 문화적
자기 계발의 여유가 필요한데, 삶의 이런 여유를 마련하기
위해서도 우리는 기술과 과학을 거부하거나 경시해서는 안
된다. 한마디로 행복과 여유를 창조하기 위해 과학기술을
적극 활용해야 한다는 것이다. 사회적 생태론은 배고픔과
물질적 궁핍의 생태론이 아니라 풍요의 생태론이다.
요약하면 사회적 생태론은 일정한 계획과 관리의 중요성, 또
민회의 민주적 절차를 통해 만들어진 각종 규율의 중요성을
강조한다. 결코 개인의 일탈행동이나 기행 같은 제멋대로의
행동을 예찬하지 않는다.

코뮌주의와 리버테리언 지역자치주의

코뮌주의는 리버테리언 지역자치주의와 변증법적 자연주의*를 내포하며, 사회적 생태론이라는 심오하고 체계적인 사상에 가장 걸맞는 포괄적인 정치적 범주다.** 하나의 이념으로서 코뮌주의는 구 좌파 이데올로기의 살아 있는 유산인 마르크스주의와 아나키즘(좀 더 좋은 표현으로 한다면 리버테리언 사회주의 전통)을 계승하면서, 동시에 우리 시대에 적합한 포괄적 전망을 제시한다. 코뮌주의가 마르크스주의에서 배워온 것은 철학, 역사, 경제학, 정치학을 포괄하는 조화로운 사회주의 체제를 모색하려는 노력이다.

---

* 변증법적 자연주의(dialectical naturalism)는 북친 스스로 사회적 생태론의 정치철학적 토대를 설명하기 위해 만든 용어이다. 그는 헤겔의 저서를 탐독하는 가운데 헤겔이 말한 변화와 발전의 변증법이 인간과 자연에 대한 유기적이고 환경주의적인 접근에 적합하다고 생각했다. 하지만 그는 헤겔 철학이 기본적으로 반자연주의적이며 관념론이라는 점에서 그의 변증법과 구별하기 위해, 그리고 마르크스의 과학적 유물론과 구별하기 위해 자기 사상을 '변증법적 자연주의'라 불렀다. 북친은 헤겔의 영향을 받았지만 헤겔주의자는 아니었다. 오히려 그는 근대 이후의 인본주의, 합리성, 그리고 계몽주의의 이상을 강조하는 사상가였다. —옮긴이

** 수년 전만 해도 나는 스스로를 아나키스트라고 생각했다. 아나키스트로서 나는 '라이프스타일' 아나키즘과는 다른 '사회적' 아나키즘을 추구했고, 1994년 《녹색 좌파 관점(Left Green Perspectives)》에 기고한 논문에서 코뮌주의는 '민주적 형식의 아나키즘'이라고 썼다. 하지만 이제는 더 이상 코뮌주의를 (민주적 아나키즘이건 다른 형식의 아나키즘이건 간에) 아나키즘의 한 '형식'으로 보지 않는다. 혁명적 전통을 잇는 코뮌주의는 미래를 향해 열려 있는 전혀

그리고 코뮌주의가 아나키즘에서 배워온 것은 위계구조는 리버테리언 사회주의 사회를 통해서만 극복된다는 주장, 그리고 아나키즘의 반국가주의와 연방제다. ***

코뮌주의communalism란 용어는 아무 배경 없이 선택된 것이 아니라 21세기 사회주의의 철학적, 역사적, 정치적, 조직적 요소를 포괄하기 위한 용어다. 이 용어의 기원은 1871년 파리코뮌에 있다. 당시 프랑스의 무장 인민은 바리케이드를 세우고 파리 시의회와 그 하부 행정조직을 수호하려 나섰고 더 나아가 공화제적 국민국가 대신에 전국 차원의 도시, 마을 연합을 구성하고자 했다. 코뮌주의 이념은 개인주의와는 거리가 멀다. 아나키즘이 종종 드러내는 반이성주의와도 거리가 멀다. 또한 코뮌주의는 볼셰비즘으로 대표되는 마르크스주의적 권위주의와도 다르다. 코뮌주의는

다른 이데올로기다.

*** 물론 코뮌주의는 마르크스주의와 아나키즘의 이런 점들을 액면 그대로 수용하지는 않는다. 예를 들어 사회적 생태론은 계급사회의 등장을 해명한 역사적 유물론을 확장해 위계구조의 인류학적, 역사적 등장까지 해명한다. 또 변증법적 자연주의를 통해 마르크스의 변증법적 유물론을 넘어서고자 한다. 아나키즘의 핵심 주장인 연방제에 관해서도 만찬가지다. 아나코-코뮤니즘에서 말하는 '자율적 코뮌들 간의' 느슨한 '연합'과 달리 사회적 생태론의 코뮌주의가 말하는 연방은 그 구성원들이 각기 민회의 민주주의를 실천하면서도 연방 전체의 동의가 있어야만 탈퇴가 가능하다.

공장에 초점을 두고 공장이야말로 가장 중요한 사회적 투쟁의 장이라는 식으로 생각하지 않으며, 산업노동자계급을 중시하면서도 그들이야말로 가장 중요한 역사적 행위자라고 보지도 않는다. 코뮌주의는 공상적인 중세 마을에서 미래의 자유로운 공동체의 모델을 찾는 식의 역행을 하지 않는다. 코뮌주의의 가장 중요한 목표는 그것의 통상적인 사전적 정의에 이미 잘 나타나 있다. 아메리칸헤리티지 영어 사전은 코뮌주의를 "사실상 자율적인 지역공동체들이 느슨히 연결되어 이룬 연합으로서의 정부 체계 또는 그에 관한 이론"으로 정의하고 있다.[*]

코뮌주의는 정치 본연의 포괄적이고 해방적인 의미를 되살리고자 한다. 다시 말해서 정신과 담론이 발전하는 터전으로서 동네, 마을 등의 지역자치체municipality가 갖는 역사적 잠재력을 실현하고자 한다. 코뮌주의가 염두에 두는 지역자치체는 적어도 생물학적 진화를 **넘어서서 사회적** 진화의 장으로 전환된 형태다. 역사 초기의 혈연관계는

---

[*] 최소한의 단어로 이루어진 이 정의는 놀랍게도 전체적으로 정확하다. 다만 '사실상 자율적인'과 '느슨하게 연결된'이라는 표현은 문제가 있다. 연방을 구성하는 단위[지역공동체]들의 지방색과 편협한 지역주의를 허용하는 듯한 인상, 심지어 무책임한 상호 관계를 용인하는 듯한 인상을 주기 때문이다.

144

가족이나 부족을 단결시키고 이방인은 배제했다. 바로
이런 생물학적 혈연관계가 법률적으로나마 해체되면서
등장한 영역이 바로 도시다. 그러면서 도시는 혈연, 성별,
연령 등 사회생물학적 속성에 기초한 위계질서가 해체된
장소, 공통된 인간적 유대감에 기초한 자유 사회가 이룩될
수 있는 장소가 되었다. 도시가 갖는 잠재력은 한때 공포의
대상이었던 이방인까지도 공동체 내로 완전히 흡수할 수
있다는 데 있다. 처음에 이들 이방인은 그저 같은 구역에
거주하는 보호받는 존재였다. 하지만 결국에는 공적인
장에서 정책 결정에까지 참여하는 어엿한 **시민**이 된다.
도시의 핵심적 기능은 각종 제도와 가치들이 더 이상
동물학에 근거하지 않고 시민으로서의 인간 활동에 근거하게
된다는 데 있다.

　　이런 역사적 기능들을 살펴보고 앞으로의 모습을
생각해보면 지역자치체야말로 자유로운 의견 교환에 기초한
연합이 이루어지는 장소이자 의식의 여러 능력이 자유
실현을 위해 활용되는 터전이다. 지역자치체는 주어진 기존
환경에 그저 **동물적으로** 적응하던 삶이 극복되는 장소,
그동안 계급과 위계구조 때문에 인간과 자연계가 입었던
환경적, 사회적, 정치적 모욕과 피해를 종식시키기 위해

인간이 **전향적이고 이성적으로** 세계에 관여하는 장소다. 물론 이런 세상은 여전히 이성적 노력을 통해 우리가 달성해야 할 과제이지만 말이다. 물질적 착취와 지배로부터 해방되고 삶의 모든 영역에 걸쳐 인간적 창조의 합리적 장이 마련된다면 지역자치체는 좋은 삶을 위한 **인류적** 장소가 된다. 코뮌주의는 억지로 꾸며낸 상상의 산물이 아니다. 그것은 사회발전의 변증법과 이성이 빚어낸 살아 있는 정치적 개념이자 실천이다.

코뮌주의는 도시를(다른 말로 하면 **코뮌**을) 그 잠재력과 역사적 전통에 걸맞게 회복시키고 이를 더욱 발전시키고자 하는 명백히 **정치적인** 사상이다. 물론 코뮌주의가 말하는 지역자치체는 오늘날 현실에 존재하는 지방자치체는 아니다. 현대의 자치체는 국가주의적 특성을 지니고 있고 종종 부르주아 국민국가의 대리인 역할을 하고 있기 때문이다. 하지만 국민국가가 오늘날 최고의 절정을 맞고 있다 하더라도 지방자치체들이 누리는 권리들을 아주 기본적인 경제 관계의 부수현상 정도로 격하해서는 안 된다. 그 권리들은 그 나름으로 평범한 사람들의 힘겨운 노력의 산물이기 때문이다. 사람들은 오랜 역사의 과정을 통해 그 권리를 얻고 지키기 위해 지배계급의 폭압에 맞서, 심지어는

146

부르주아계급에 맞서 싸워왔다.

코뮌주의의 구체적인 정치 형태는, 내가 여러 글에서 밝혔듯이 리버테리언 지역자치주의다.[3] 코뮌주의는 리버테리언 지역자치주의의 기획에 의거해 단호히 국가주의적 지자체 구조를 폐기하고 그 대신 리버테리언 정책에 걸맞는 제도를 수립하고자 한다. 도시의 지배구조와 제도를 동네, 마을, 소도시 단위의 민주적 민회로 대체한다. 시민은 이러한 민회에서 얼굴을 맞대고 공동체의 일을 처리한다. 여기서 시민이라 함은 노동계급뿐 아니라 중간계급까지도 포함한다. 이는 직접민주주의이며, 인본주의적이고 이성적인 사회의 이상에 걸맞은 제도다.

모두가 열망하는 자유로운 사회적 삶을 이루려면 무엇보다도 **민주주의**가 공동체 정치의 기본 형식이어야 한다. 단일 자치체의 한계를 넘어서는 문제를 다루기 위해 민주적 자치체들의 연방을 만든다. 민회와 연방은 일단 만들어지면 기존의 국가와 국가주의적 권력 형태에 대한 도전이 된다. 민회와 연방의 분명한 목표는 국가의 권력이나 통치를 인민의 권력과 변혁의 정치로 바꾸는 데 있다. 민회와 연방이라는 장은 계급 갈등이 매듭지어지는 장소이며 결국은 계급이 제거되는 터전이다.

지역자치주의자들이 전문가의 독점 권력을 인민 권력으로 바꾸려 한다면 국가는 결코 이를 방치하지 않을 것이다. 리버테리언 지역자치주의자들은 이 점을 잘 알고 있다. 코뮌주의 운동은 마을과 도시에 대한 국가의 통제력을 거부하는 운동이다. 따라서 지배계급이 이런 운동을 무심히 용인하리라 생각하는 것은 착각이다. 과거 역사를 봐도 지역과 지방, 특히 마을과 도시가 국가로부터 지역의 주권을 되찾아오는 과정은 필사적 투쟁의 과정이었다. 물론 그것이 항상 올바른 목표를 향했던 것은 아니지만 말이다. 마을과 도시의 권력을 쟁취하고 그것을 엮어 연방을 만드는 코뮌주의 운동은 국가기구의 강한 저항에 부딪힐 수밖에 없다. 민회에 기초한 지역자치체와 이들의 연방은 기존의 단일권력(국가)을 이중권력화한다. 이제 양자 사이에 정치적 긴장이 고조될 것은 자명하다. 남은 길은 둘 중 하나다. 코뮌주의 **운동**으로 이러한 긴장에서 비롯된 모든 문제에 단호히 대처하느냐, 아니면 타협의 진흙탕에 빠져 변혁의 대상인 바로 그 사회질서로 돌아가느냐. 둘 중 어떤 태도를 취하는지를 보면 과연 그 운동이 기존 정치체제를 변혁하려는 의지가 있는지, 또 대중 교육과 리더십의 원천인 사회의식을 변화시키려는 진정한 의지가 있는지 알 수 있다.

코뮌주의는 위계적인 자본주의사회 전반을 비판한다. 그것은 정치와 경제 모두를 바꾸고자 한다. 코뮌주의의 목표는 경제의 국유화냐 아니면 생산수단의 사적소유 유지냐에 있지 않다. 그것의 목표는 경제를 **자치체의 통제 아래 두는** 데 있다. 코뮌주의는 생산수단을 자치체의 생존과 지속의 한 방편으로 간주한다. 따라서 모든 생산 기업에 대한 권한은 지역의 민회가 갖는다. 그리고 민회는 공동체 **전체**의 이해관계 충족을 위해 생산 기업이 맡아야 할 역할을 결정한다. 현대 자본주의 경제에 만연한, 삶과 노동의 분리는 극복되어야 한다. 그래야 시민의 다양한 욕망과 욕구가 상실되지 않고, 생산과정에서도 예술적 창조의 도전이 이루어지며, 생산이 사고의 형성과 자기 정체성의 확립에 일정한 역할을 하게 된다. 고든 차일드가 신석기시대 말기 도시형성에 관해 쓴 책의 제목처럼 "인간은 스스로를 만들어간다Man Makes Himself". 지적이고 심미적인 방법으로뿐만 아니라 욕구의 확대를 통해서, 또 욕구 충족을 위한 생산방법의 확대를 통해서 자신을 만들어나간다. 인간이 자신을 발견하는 것, 다시 말해 자신의 잠재력과 그 실현을 확인하는 것은 창조적이고 유용한 활동을 통해서다. 이런 활동은 자연을 변화시킬 뿐 아니라 인간을 성장하게 하고 인간의 정체성을 스스로에게 확인시켜준다.

또한 우리는 수많은 자주관리기업 운동*이 보여줬던 편협성과 소유(권)에 대한 집착을 피해야 한다. 이런 문제점은 혁명 후 러시아와 스페인의 '집단 작업장'에서도 나타났었다. 지면의 한계상 이들 '사회주의적' 자주관리기업이 보여준 편향에 대해 다 쓰진 못하겠다. 다만 혁명 러시아와 혁명 스페인에서 적색 깃발의 기업이든 적색-흑색 깃발의 기업이든 자주관리기업들은 일종의 집단 자본주의로 흘러갔고, 결국 원료와 시장을 두고 서로 치열한 싸움을 했다는 점만을 지적하고자 한다.[4]

코뮌주의 정치에서 가장 중요한 것은 민회에 참석하는 다양한 직업의 노동자들이 이해관계를 가진 **노동자**의 자격으로 참가하는 게 아니라는 점이다. 그러니까 그들은 가령 인쇄공, 배관공, 주조소 노동자로서 참가해 자기 직종의 이해관계를 대변하는 것이 아니다. 그들은 **시민**으로서 민회에 참여한다. 그러니까 직업은 특정 직종의 노동자지만 **사회 전체의 이해관계**를 대변하는 시민으로 참가한다는

---

*   자주관리기업(self-managed enterprise) 운동은 자본가가 아닌 노동자가
     주인이 되어 기업을 공동으로 관리하는 협동조합식 생산 운동. —옮긴이

말이다. 시민은 특수한 이해관계를 가진 노동자, 전문가, 개인이라는 편협한 신분 의식을 버려야 한다. 자치체의 삶 자체가 이런 시민을 키우는 학교 역할을 한다. 새로운 시민을 받아들이고 젊은이들을 교육한다. 결국 민회는 의사결정 기구일 뿐 아니라 복잡한 공동체의 문제, 지역의 문제를 다루며 사람들을 시민으로 키우는 **교육**의 장소이다.**

코뮌주의의 삶이 실현되면 기존의 경제학은 **윤리학**으로 바뀐다. 기존의 경제학은 주로 가격 문제와 희소자원에 관심을 쏟았다. 하지만 윤리학은 인간의 욕구를 실현하는 일, 좋은 삶을 추구하는 일에 중점을 둔다. 물질욕과 이기주의 대신에 사람들 사이의 연대, 그리스어로 표현하자면 인간에 대한 **사랑**philia이 자리 잡는다. 자치체의 의회는 도시 생활과 관련한 모든 의사결정의 장소이자 토론의 장이다. 동시에 의회는 시민 전체가 참여해 경제운용, 생산

** 1917년 러시아혁명, 1936년 스페인혁명의 최대 비극 중 하나는 대중이 사회의 운용에 관한 지식을 거의 갖추지 못했다는 점이다. 대중은 생필품 조달에 필요한 복잡한 업무 체계를 제대로 이해하지 못했다. 한편 공장 생산이나 도시 기능에 관한 전문 지식을 가진 이들은 다 구체제의 지지자들이었다. 결국 노동자들로서는 공장을 완전 통제한다는 게 실질적으로 불가능했다. 이들은 어쩔 수 없이 공장 가동을 위해 '부르주아 전문가들'에 의지할 수밖에 없었다. 결과는 분명했다. 이들 전문가들은 서서히 기술관료로 자리 잡았고 대중은 이들 엘리트의 희생물이 되고 말았다.

조정, 시 운영에 관한 모든 불분명한 내용을 공개적으로 검토하고 조사하는 센터의 역할도 한다. 코뮌주의의 '새로운 시민'은 과거 사회주의 내 특정 계급의 위상을 넘어서며 러시아 혁명가들이 꿈꾸었던 '새로운 인간' 만들기의 논리를 넘어선다. 그러면 인류는 19세기의 위대한 이상주의자들과 마르크스주의자들이 실현하고자 꿈꿨던 보편적 형태의 의식과 합리성에 도달할 수 있을 것이다. 또 물질적 이해관계가 아니라 이성을 구현하는 종으로서의 인류의 삶, 희소성과 물질적 궁핍에 기인한 내핍의 삶이 아니라 물질적 희소성을 넘어선 생활을 누리는 인류의 삶이 가능해질 것이다.[5]

서구 민주주의의 근원인 기원전 5세기 고대 아테네의 민주주의는 공동체 민회에서의 면 대 면 의사결정, 그리고 이런 자치체 의회의 연방에 기초했다. 2000여 년이 흘렀지만 아리스토텔레스의 정치적 저작들은 이성, 자기의식, 좋은 삶을 향한 인간 잠재력의 구현 장소는 다름 아닌 도시라는 점을 잘 일깨워주고 있다. 아주 적절하게도 아리스토텔레스는 가족으로까지 거슬러 올라가 폴리스의 기원을 찾는다. 본래 가족은 인간이 동물적 기본욕구를 충족시키는 필요의 영역이었고, 남성 연장자의 권위 아래 있었다. 그러다 몇몇 가족이 연합하면서 "일상의 필요 충족을 넘어선 어떤 것을 목표로 삼게 되었다"고 아리스토텔레스는 쓴다.[6] 주지하듯이, 아리스토텔레스는 인간을 "정치적 동물"이라 했다.[*] 여기서 인간은 성인 남성을 뜻한다. 성인 남성은 가족구성원 위에 군림하면서 가족의 물질적 필요를 채워주었다. 그리고 성인 남성은 가족이라는 물질적 조건에 힘입어 정치에 참여할 수 있었다. 인간(성인 남성)이 분별없는 행동이나 관습, 폭력 등을 토론과 이성으로 교체하는 정치에 참여하게 된 것이다. 아리스토텔레스의 이어지는 말을 보면, "그러다 몇몇 마을이 하나의 완전한 공동체로 합쳐져 어느 정도 혹은 완전히 자족적 상태가 되면 **폴리스**가 된다. 폴리스는 처음에 삶의 적나라한 필요에서 **시작**됐지만 시간이 흐르면서 점차 좋은 삶을 목표로 하게 되었다".[7]

---

[*]   물론 아리스토텔레스가 말하는 '인간'은 그리스의 성인 남성을 뜻한다. 아테네의 폴리스는 인류의 미래와 참된 자유의 구현이라는 리버테리언 이상에 비추어 보면 많은 한계를 안고 있었다. 당시 폴리스의 주민 중에는 노예, 종속된 여성, 참정권 없는 이방인이 있었다. 그러니까 소수 남성 시민만이 참정권을 갖고 다수 인구의 의사는 무시한 채 도시를 다스렸던 것이다. 물질적인 면에서도 폴리스의 안정은 비시민 인구의 노동 덕이었다. 후에 지역자치체들이 시정해야 했던 대표적 문제들이 바로 이런 것이었다. 결국 폴리스는 해방된 공동체의 사례는 아닐 것이다. 다만 그 속의 여러 자유로운 제도들이 성공적으로 작동했었기 때문에 그 점에 주목하는 것이다.

아리스토텔레스가 보기에 당시 지역자치체의
고유 기능은 도구적인 것이 아니고 경제적인 것은
더더욱 아니었다. 당시 아테네인의 삶을 돌아볼 때
아리스토텔레스의 이런 판단은 맞는 것 같다. 지역자치체는
사람들이 모여 연합하는 무대이자 주민들이 함께 사회적,
정치적 조율을 이뤄내는 곳이었다. 따라서 이런 공동체적
삶은 수단이 아니라 **목적**이다. 아리스토텔레스가 말하는
지역자치체는 인간이 이성, 자기의식, 창조성의 잠재력을
발휘하고 구현하는 탁월한 터전이었던 것이다. 결국 고대
아테네인에게 정치는 현실의 정책 업무를 다루는 것만을
의미하지 않았다. 오히려 공동체에 대한 도덕적 의무를 안고
있는 시민의 활동이 곧 정치였다. 모든 시민은 도시의 제반
활동에 **윤리적** 존재로서 참여하게 되어 있었던 것이다.

지역자치체 민주주의의 사례가 고대 아테네에만
있었던 것은 아니다. 계급분화가 국가를 탄생시키기 훨씬
이전, 상대적으로 오래된 도시들이 초기 형태로나마 지역
민주주의의 제도적 틀을 갖추고 있었다. 고대 수메르문명
시기, 그러니까 대략 7000~8000년 전 사람들이 이제 막
자연적, 생물학적 유대를 넘어 **도시혁명**을 시작하던 때에
이미 민회가 존재했던 것으로 추정된다. 그러다가 역사

기록에 분명히 등장한 것이 그리스이다. 도시 민주주의는 로마공화정 아래서도 권력의 중심이었으며 그라쿠스 형제의 몰락 때까지 지속되었다. 지역자치체 민주주의는 중세 유럽의 도시에서 널리 시행됐으며 러시아의 도시들, 대표적으로 노브고로드와 프스코프에서도 시행되었다. 이 두 도시는 한동안 슬라브족 세계에서 가장 민주적인 도시였다. 하지만 민회가 가장 현대적인 형태에 근접한 것은 단연코 1793년 파리의 구역들sections이었다. 당시 파리 구역의 민회야말로 대혁명의 진정한 원동력이었으며, 새로운 정치적 통일체를 일궈내는 **의식적** 주체였다. 민주주의 문헌, 특히 마르크스주의 문헌과 혁명적 생디칼리스트 문헌은 그동안 이 부분을 온당히 다루지 않았다. 이것은 혁명 전통에 뭔가 문제가 있음을 단적으로 드러내는 것이다.

이러한 민주적 지역자치 제도들은 탐욕스런 군주, 봉건영주, 부유한 가문, 외부 약탈자들이 소멸되지 않고 존재하지 않는 한 늘 그들과 치열한 긴장 상태에 있었고 때로는 피비린내 나는 투쟁을 전개했다. 분명히 강조하건대 **근현대 역사 시기의 모든 위대한 혁명에는 도시 시민의 역할이 있었다.** 하지만 그동안의 급진주의적 역사 서술은 계급 반목만을 강조해왔다. 계급 대립이 중요하지 않다는 것이 아니다. 다만 기존의 급진주의적 역사 서술은 혁명에서 도시 시민이 한 중요한 역할에 대해서는 침묵하거나 은폐해왔다. 1640년대의 청교도혁명은 런던시라는 혁명의 장소를 빼고는 생각할 수 없다. 마찬가지로 파리시를 빼고 프랑스혁명을 논할 수 없고, 페트로그라드시에 주목하지 않고 러시아혁명을 이야기할 수 없으며, 최고의 혁명 거점이었던 바르셀로나시를 빼고 1936년 스페인혁명을 논할 수 없다. 혁명에서 도시가 중요한 것은 단순히 혁명이 거기서 일어났기 때문이 아니다. 도시가 중요한 것은 혁명 대중이 결집하고 토론을 벌이는 다양한 통로가 다름 아닌 도시에 의해서 마련되기 때문이다. 도시는 그 자체가 정치적인 실재다. 도시의 전통이 혁명 대중을 키워내고 도시의 환경이 대중의 혁명 사상을 촉진한다.

리버테리언 지역자치주의는 코뮌주의의 현실태로서 코뮌주의 구조의 핵심이다. 체계적 혁명 사상인 코뮌주의에서 리버테리언 지역자치주의를 빼면 그것은 무의미해진다. 코뮌주의는 마르크스주의와 다른 점이 많지만 진성 아나키즘, 즉 '순수한' 아나키즘과는 더더욱 그렇다. 아나키즘 앞에 **무정부주의적, 사회적, 새로운,** 심지어 **리버테리언** 등 어떤 형용사가 붙어도 사정은 같다.

코뮌주의를 아나키즘의 한 변종으로 보는 것은 두 사상의
차이점을 간과하는 것이고, 두 주의가 민주주의, 조직, 선거,
정부 등에 대해 서로 상충되는 생각을 갖고 있다는 사실을
무시하는 것이다. '코뮌주의'라는 정치적 용어를 만든 셈인
파리코뮌의 투사 귀스타브 르프랑세Gustave Lefrançais는 단호히
선언했다. "(나는) 코뮌주의자다. 아나키스트가 아니다."[8]*

　　무엇보다도 코뮌주의는 권력의 문제에 관여한다.[9] 자칭
아나키스트라고 하는 이들의 소위 **공동체주의**communitarian

---

*　　오늘날 나라도 그렇게 말할 것이다. 1950년대 후반 미국에서 아나키즘은 미미한
상태였다. 하지만 당시 나는 아나키즘이야말로 사회적 생태론을 전개하기에
아주 적합한 주의라고 생각했었다. 또 나중에 변증법적 자연주의와 리버테리언
지역자치주의로 이어지게 될 당시 나의 철학과 정치사상을 전개하기에도 아주
적합한 주의라고 생각했었다. 그런데 사회적 생태론과 변증법적 자연주의,
리버테리언 지역자치주의가 기존의 아나키스트 사상과는 맞지 않는다는 것을
알게 되었다. 특히 물질적 조건의 성숙에 기초한 현대 리버테리언 사회 이론은
더더욱 기존 아나키즘과 어울리지 않는다는 것을 알게 되었다. 내가 보기에
오늘날 아나키즘은 과거와 마찬가지로 극도의 개인주의적이고 반이성적인
심리학으로 유지되고 있다. 내가 한때 '사회적 아나키즘'이란 이름으로
아나키즘을 유지해보려 했던 것은 지금 생각해보니 큰 실수였다. 결국 나는 내
사상을 표현하는 용어로 '사회적 아나키즘' 대신 '코뮌주의'를 선택하게 되었다.
코뮌주의란 용어는 과거 아나키즘과 마르크스주의 전통 가운데 명백히 살아
있는 특징들을 일관되게 종합하면서도 또 이를 능가하는 표현이다. 최근에
아나키즘이란 말을 아무렇게나 쓰면서 그 이름 아래 전개되고 있는 수많은
차별성과 상호 모순을 최소화하려는 움직임, 또 아나키즘은 그런 모든 '차별성'
에 열려 있다는 식의 자기 예찬을 하는 움직임이 있다. 하지만 이렇게 되면 그
용어는 상호 모순되는 경향들을 한데 모은 잡동사니 통이 되고 말 것이다.

운동과는 사뭇 다르다. 공동체 운동가들이 벌이는 사업의
예는 '주민' 장터,* 인쇄소, 생활협동조합, 뒷마당 가꾸기
운동 등이다. 하지만 코뮌주의자들은 온 힘을 모아 시의회
선거에 참여한다. 왜냐하면 시의회는 잠재적으로 매우
중요한 권력의 중심이기 때문이다. 또 코뮌주의자들은
시의회로 하여금 법률적 권한이 있는 마을 회의를 만들게
한다. 현재는 국가기관이 도시, 마을, 동네를 통제하고 있다.
하지만 이렇게 만들어진 마을 회의는 그런 국가기관들의
법적 지위를 박탈하고 무력화하려 노력할 것이다. 이 점이
중요하다. 그러면 마을 회의는 권력 행사의 실질적 동력이
된다. 지역자치체들이 코뮌주의 노선에 맞게 민주화되고
나면 그다음 단계로 자치체들은 서로 연합하여 자치체 간
동맹을 맺고 그동안 국민국가가 했던 역할에 도전하게 된다.
자치체들이 민회와 연방 의회를 통해 나라 전체의 경제와
정치에 대한 통제권 확보에 나서는 것이다.

　　마지막으로 코뮌주의는 아나키즘과 달리 다수결의
원리를 따른다. 많은 사람이 모여 의사를 결정하는 데는 이

---

* 　주민들이 사용하지 않는 물건들을 차고와 같은 일정 장소에 모아 싸게 거래하는
운동. —옮긴이

방법이 가장 공정하다. 진성 아나키즘은 이 원리가 다수에 의한 소수 '지배'의 원리로서 권위주의적이므로 다수결이 아니라 합의에 의해 결정해야 한다고 주장한다. 하지만 합의란 것은 다수의 결정에 한 사람만 반대해도 무산되는 것이다. 따라서 합의를 고집하게 되면 **사회 자체**가 무너질 위험이 있다. 아무리 자유로운 사회라 해도 그 사회 구성은 호메르스가 그려낸 로터스를 먹는 부족[**]처럼 기억도 유혹도 지식도 없이 그저 행복하게 사는 존재들의 집합이 아니다. 좋건 싫건 인간은 선악과를 따먹었다. 그래서 역사와 경험을 늘 기억하게 되어 있다. 자유의 생생한 현장과 카페에서의 공허한 수다는 다르다. 소수자의 권리는 중요하다. 그래서 우리가 목표로 하는 자유의 구체적 현실에서는 반대 의사를 지닌 소수자의 권리가 다수자의 권리만큼이나 언제나 충분히 보호되도록 해야 한다. 소수자의 권리가 위축되는 일이 생기면 공동체는 이를 즉각적으로 정정한다. 물론 점잖은 방법으로 하겠지만 불가피한 경우에는 강제적으로 정정한다. 그러지 않을 경우 사회가 혼란에 빠질 것이기 때문이다. 사실

[**] 그리스신화에 나오는 로토파고이족. 이들은 상상의 식물 로터스의 열매를 먹고 속세의 모든 근심을 잊고 살았다고 한다. —옮긴이

소수자의 생각은 새로운 통찰과 진리의 잠재적 원천이므로 소중히 취급되어야 한다. 소수의 견해를 억압하고 무시하는 것은 사회에서 창조성과 발전의 원천을 고갈시키는 것과 같다. 새로운 아이디어는 보통 소수자의 영감에서 나온다. 그리고 이 아이디어가 시간이 흘러 때와 장소를 만나면 사회의 중심적 생각이 되어 합당한 대접을 받게 되는 것이다. 물론 이 아이디어 역시 시간이 더 흐르면 무상한 한 시대의 고정관념이 될지도 모른다. 언제나 새로 등장하는 (소수자의) 견해가 기존의 굳은 교조를 대체하기 때문이다.

조직과 교육의 필요성

이제 남은 문제는 이런 합리적 사회에 어떻게 도달하느냐는 것이다. 한 아나키스트 작가는 좋은 사회, 즉 '자연인'의 사회, 모든 일이 '자연스러운' 사회는 눈 밑에 옥토가 숨어 있듯이 억압적 문명의 고통 밑에 자리 잡고 있다고 썼다. 이런 생각에 따르면 우리는 어떻게든 눈만 치우면 된다. 그것은 바로 자본주의, 국민국가, 교회, 전통적인 학교 등 여러 방식으로 지배를 행사하고 있는 수많은 유형의 뻬딱한 제도들만 제거하면 좋은 사회가 온다는 논리이다. 가정해보건대 일단 국가와 정부 기구,

160

그리고 지배를 구현하는 각종 제도가 제거되기만 하면 일종의 아나키스트 사회가 모습을 드러낼 것이다. 자유로운 사회로서 존속하고 번창할 태세를 갖추고 말이다. 그 상태를 '사회'라 부르는 게 맞는지 모르겠지만, 아무튼 그런 사회는 우리가 능동적으로 **만들어내는** 사회가 아니다. 위를 덮고 있는 눈만 녹여 사라지게 하면 된다니까 말이다. 하지만 우리의 길, 즉 자유로운 코뮌주의 사회를 이성적으로 창조해나가는 과정은 이와는 다르다. 그 길은 지난한 길이다. 그것은 원시사회의 천진무구한 행복이라는 신비화된 구상에 의거해 이룰 수 있는 길이 아니다. 그 이상의 많은 사고와 노력의 산물로서만 가능하다.

무엇보다도 코뮌주의 사회는 세계 변혁을 향한 새로운 형태의 급진적 조직 운동에서 출발한다. 이 조직 운동의 목표들을 설명하려면 새로운 정치적 용어들이 필요하다. 또 그 목표들의 상호 연관성을 밝혀내고 조화롭게 성취하려면 새로운 강령과 이론틀이 필요하다. 이를 위해서 교육사업의 책무를 맡을 사람은 물론이고 **특별히 리더십**의 책무를 기꺼이 맡을 헌신적인 개인들이 **반드시** 있어야 한다. 말은 늘 혼란스럽고 애매하게 사용되는 게 현실이다. 하지만 최소한 우리가 인정해야 할 것은 리더십은 **언제나** 존재한다는 사실이다. '투사' 운운의 완곡한 표현, 또 스페인에서 사용된 '영향력 있는 투사' 식의 일반적 완곡어법을 쓰더라도 리더십은 없어지는 것이 아니다. 게다가 스페인의 전국노동연합 초기 그룹의 많은 사람은 단순히 '영향력 있는 투사' 정도가 아니라 명백한 리더들이었음을 인정해야 한다. 이들은 많은 경험과 지식을 갖추고 지혜롭게 행동했으며 효과적인 지도력을 발휘하는 데 필요한 심리적 자질도 갖추고 있었다. 그래서 이들은 그 어떤 이들보다 존중되었고, 이는 당연히 그래야 하는 것이었다. 진지한 리버테리언은 이런 현실, 즉 리더의 역할이 매우 중요하다는 사실을 인정한다. 리더들의 행동을 효과적으로 **규제하고 조정**할 수 있는 공식적 **구조와 규제 장치**가 반드시 필요한 것도 리더가 갖는 이런 중요성 때문이다. 사회 구성원은 지도자들이 구성원의 지지를 오용하거나 권력을 남용하고 있다고 판단될 경우 바로 이 장치에 힘입어 그들을 소환할 수 있다.

리버테리언 지역자치주의 운동은 신념 없고 가벼운 사람들의 지지로는 이룰 수 없다. 운동의 이념과 방법, 실천에 있어 단련된 사람들이 함께 하는 운동이다. 운동에 참여하는 사람들은 조직에 대한 헌신을 입증해 보여야 한다. 또 조직의 구조는 공식적인 **회칙과 부칙**을 통해 명확하게 규정돼 있어야 한다. 제도적 틀은 민주적인 방법으로 만들어지고 승인되어야 하며 구성원과 지도자는 이에 대해 책임을 져야 한다. 그렇지 않으면 책무의 명확한 기준이 유지되지 않는다. 구성원들이 회칙과 규정의 조항을 책임 있게 준수하지 않으면 권위주의가 등장해 결국 운동을 파멸로 이끈다. 권위주의로부터의 해방은 권력이 명확하고 간명하면서도 세세히 배분될 때 가장 잘 확보된다. 권력이나 리더십은 '지배'의 형식에 불과하다고 지적 허세를 부린다거나, 리버테리언적 은유로써 실상을 은폐하게 되면 권위주의로부터의 해방은 불가능하다. 지난 역사를 보더라도 조직이 쇠퇴하는 때는 조직의 규정을 상세하고도 명확하게 정하지 않았을 때였다.

규정과 규율에 반대하며 의지대로 살 자유를 가장 집요하게 요구한 계층은 모순적이게도 족장, 군주, 귀족 그리고 부르주아계급이었다. 한편 아나키스트들은 문명의 '인공물들'로부터의 자유만이 개인적 자율의 참된 내용이라는 주장을 펴왔다. 아무리 훌륭한 아나키스트였다 해도 이 점에서는 동일했다. 하지만 **진정한** 자유의 영역에서는 상황이 다르다. 자유는 의식과 지식뿐 아니라 필연이 함께 작용한 결과로서 발전해왔다. **우리가 할 수 있는 것과 할 수**

없는 것을 제대로 파악하는 것이야말로 현실에 더 솔직하고 충실한 태도이다. 150여 년 전 어떤 현자가 말했다. "인간이 역사를 만든다. 하지만 그가 원하는 대로 만드는 것은 아니다."[10]

새로운 좌파의 건설

오늘날 전 세계적으로 좌파들은 마르크스주의, 아나키즘, 생디칼리슴, 기타 애매한 사회주의의 틀을 과감히 넘어서서 코뮌주의를 향해 나서야 할 필요성이 매우 절박한 상태다. 오늘날은 좌파 정치사상사의 그 어느 때보다 모든 이념들이 무책임할 정도로 심하게 뒤섞여 있다. 이념 자체에 대한 불신의 벽도 높다. 그뿐인가. 사안마다 초조하게 '단결'을 외치는 목소리가 높다. 물론 시장경제의 허구를 밝히고 이를 궁극적으로 극복하는 노력에 있어 자본주의에 반대하는 모든 경향들은 서로 단결해야 한다. 그런 목적을 위한 단결은 매우 귀중하고 불가결하다. 당연히 모든 좌파가 공동전선을 펼쳐 뿌리 깊은 상품 생산 및 교환의 체제와 문화에 맞서야 하고, 그동안 민중이 억압적 정부와 사회체제에 맞서 싸우며 얻어낸 권리들을 수호해야 한다.

하지만 이런 단결이 필요하다고 해서 운동 참여자들의

164

상호 비판을 금지하거나 반자본주의 조직에 내재하는 권위주의에 대한 비판을 억눌러서는 안 된다. **다양한 강령의 순수성과 정체성을 훼손하거나 적당히 얼버무려 타협하는 것**은 더더욱 안 된다. 오늘날 운동의 최대 다수 참가자는 포스트모던 상대주의 시대에 어른이 된, 세상 물정에 어두운 청년들이다. 그 결과 오늘날의 운동은 실망스러울 정도로 극도의 절충주의에 빠져 있다. 덧없는 여러 견해들이 객관적 근거에 토대를 두어야 할 이상과 혼란스럽게 연결돼 있는 것이다.* 오직 토론의 용광로 속에서만 새로운 아이디어가 나온다. 생각을 명확히 표현하는 것에 가치를 두지 않고 용어가 함부로 사용되는 분위기, 그리고 논쟁 자체를 '공격적'이라거나 심지어는 '분열적'이라고 헐뜯는 분위기에서는 새로운 아이디어가 나오지 않는다. 새 아이디어가 창출되고 심화되는 것은 습도가 조절되는 이념의 온상이나 침묵 속에서가 아니라 격렬한 토론과 비판을 통해서다.

---

* 내가 여기서 쓴 '객관적'이란 표현은 현실에 존재하는 실재와 사건만을 의미하지는 않는다. 이성으로 파악되고 육성될 수 있으며 때가 되면 현실 세계에서 실현될 수 있는 모든 잠재력까지를 포괄하는 의미로 썼다. 실제로 존재하는 것만이 객관적이라고 한다면 우리의 모든 이상과 자유의 약속은 그것이 우리 눈앞에 존재하지 않으므로 객관적으로 타당한 것이 못 된다.

과거 혁명적 사회주의의 관행에 따라 코뮌주의자들은
먼저 대중에게 곧바로 요구되는 것들, 가령 임금 조건과
주거 환경 개선, 교통수단과 적절한 주차 공간 확보 등의
내용을 담은 최소 강령을 만들어야 한다. 최소 강령은 대중의
가장 기본적인 욕구를 충족시키는 데 목표가 있다. 그래서
대중으로 하여금 웬만한 정도의 일상생활 유지에 필요한
제반 자원을 얻을 수 있도록 하려는 것이다. 한편 최대 강령은
리버테리언 사회주의하에서 인간 삶의 모습이 어떨지를
보여주어야 한다. 끝나지 않을 것만 같은 산업혁명의 충격
아래서 세계는 계속 변하고 있다. 이런 세계 속에서 우리가
지향하는 사회의 모습이 예견될 수 있다면, 최대 강령이 그
모습을 제시해주어야 한다.

　　게다가 코뮌주의자들은 그들의 계획과 실천을 하나의
과정으로 보기 때문에 이행기 강령을 필요로 한다. 이행기
강령은 도약대에 해당하는 정책들, 그러니까 현재의
요구사항을 더 급진적이고 혁명적인 요구로 가속화하는
데 필요한 중간 단계의 요구들로 이루어진다. 이행기
요구사항의 대표적 예는 19세기 말 직업 군대 대신 민병대의
창설을 요구한 제2인터내셔널의 강령이다. 다른 예를
들자면, 철도의 사적 소유와 관리 대신 공공 소유를 요구했던

혁명적 사회주의자들의 이행기 강령이 있다(또는, 만약 혁명적 생디칼리스트였다면 이 경우 철도는 철도 노동자가 통제, 관리해야 한다는 강령을 주장했을 것이다). 이런 요구들은 **그 자체가** 혁명적인 것은 아니다. 다만 혁명적 형태의 소유와 관리에 이르는 **길을** 정치적으로 여는 역할을 한다. 이 길을 계속 달려나가면 운동의 최대 강령에 도달한다. 어떤 이들은 이런 단계적 접근법을 '개량주의'라 비판한다. 하지만 코뮌주의자들은 코뮌주의 사회가 법제화를 통해 도달된다고는 결코 생각하지 않는다. 이러한 요구들을 통해 코뮌주의가 단기적으로 이루려는 것은 민중과 자본 사이에 제대로 된 교전 수칙을 새롭게 세우는 일이다. 오늘날은 지배계급 의제의 개별 사건에 대한 단순한 저항과 '직접행동'이 혼동되고 있기 때문에 이런 교전 수칙이 더더욱 필요하다.

전체적으로 코뮌주의는 축소되거나 변질되고 있는 대중의 공적 행동과 공적 담론의 장을 되살려내고자 한다. 오늘날 대중의 공적 행동과 담론은 때로 아무 의미도 없이 경찰과 대치하는 것이나 길거리에서 연극하는 것 정도로 좁게 이해되고 있다. 길거리 연극은 그것이 아무리 예술적이라 해도 심각한 이슈들을 지나치게 단순한 퍼포먼스, 그 어떤 유익한 영향력도 없는 퍼포먼스로 축소시킨다. 이와는 달리 코뮌주의가 건설하고자 하는 것은 실제 세계에서 사회적으로 변혁적 역할을 할 수 있는 항구적인 조직과 제도이다. 대표적으로 코뮌주의자들은 **지방자치** 선거에 출마하는 것을 주저하지 않는다. 당선되고 나면 그 직위가 허용하는 모든 권력을 행사해 합법적으로 민회를 만들고, 민회들로 하여금 결국 효과적 형태의 지방정부를 만들 수 있는 권력을 갖게 한다. 계급사회가 등장하기 훨씬 이전부터 도시가 있었고 도시 회의가 있었던 만큼, 이렇게 민회에 기초해 만들어진 의회는 곧바로 국가가 통제하는 기관이라는 식으로 이해돼서는 안 된다. 이러한 의식을 갖고 지방자치 선거에 참여하는 것은 지역자치에 기초한 연방의 건설이라는 역사적으로 중요한 리버테리언의 전망을 여는 것이므로 단순히 국가기구의 대표로 선출되려는 수정사회주의자들의 시도와는 다르다. 리버테리언의 이 전망은 오히려 국가권력의 대안으로서 실천적이고 전투적이며 정치적으로 **신뢰할 만한** 인민 권력을 세우려는 노력이다.

현재의 비이성적 사회를 이성적 사회로 변혁하기 위한 토대와 기회가 다 주어져 있는 것처럼 착각해서는 안 된다. 사회변혁의 과제에 관해 우리에게 주어진 선택지들은 여전히 역사의 테이블 위에 있으며 엄청나게 많은 문제에 직면해 있다. 하지만 기성세대와 미래세대가 메스꺼운 타산적 문화 앞에, 그리고 경찰의 최루가스와 물대포 앞에 완전히 패배해 굴복한 것이 아닌 한, 우리는 자유를 향한 싸움을 멈출 수 없다. 우리는 자유를 지켜야 하며 기회가 되는 모든 곳에 자유로운 사회를 만드는 일을 계속해야 한다. 오늘날 온갖 무기와 수단이 동원되어 생태가 파괴되는 현실 앞에서 우리는 급진적 사회변혁의 요구를 무작정 미룰 수 없다는 사실을 알고 있다. 분명한 것은 인간은 이성적 사회를 포기하기엔 너무도 영리하다는 점이다. 다만 남은 심각한 문제는 과연 인간이 그것을 이룰 만큼 충분히 이성적인가 하는 것이다.

옮긴이의 글

한국 사회가 머레이 북친을 만날 때

이 책은 머레이 북친의 대표적인 글 네 편을 모은 것이다. 이 책에서 소개되고 있는 그의 독창적 이론인 '사회적 생태론'과 '코뮌주의'는 오늘날 인류가 당면하고 있는 두 위기, 즉 사회적 위기와 생태위기의 해결을 위한 북친의 정치적 대안이자, 새로운 사회에 대한 그의 비전이다.

오늘날 전 세계적으로 신자유주의, 자유무역협정의 미명 아래 국가 간 불평등과 사회적 불평등이 날로 심화되고 있다. 필요에 의한 생산이 아닌 이윤을 위한 생산의 고도화로 인해 생태파괴 또한 극으로 치닫고 있다. 반면 이런 절박한 위기 앞에서도 전 세계적 자본주의의 폐해와 한계를 극복하기 위한 유의미한 대안정치 이념이나 운동은 찾아보기 어렵다.

사회적 과제들이 시민의 통제력을 벗어나고 있고 그
시민마저 우경화, 보수화되고 있다.

경제권력과 정치권력은 끊임없이 집중화centralization되고
있다. 대한민국의 권력은 삼성이 쥐고 있다 해도 과언이
아니다. 초국적 금융자본, 다국적기업, 미국의 군산복합체가
직접적으로는 세계경제를, 간접적으로는 세계정치를
지배하고 있다. 한때 서구에서는 사회민주당이 이런 파괴적
성장에 제동을 걸었다. 하지만 이제 사민당은 물론이고
녹색당마저 시장 앞에 굴복한 지 오래다. 전통적 좌파 이념
역시 동구권의 몰락과 함께 남아 있던 작은 힘마저 잃었다.
자본주의의 폐해를 극복하려는 대안정치 이념이 힘을 잃는
사이 유럽에서는 우경화에 더해 극우 정당 지지도마저
올라가고 있다. 한국 사회에도 우경화의 그림자가 짙게
드리웠다. 진보가 힘을 잃고 국민적 동의 획득에 실패하는
사이, 보수당이 사회적 어젠다를 선점하는 현상마저
야기되고 있다.

이런 상황은 우리가 시급히 대안정치 이념에 대해
숙고해야 할 충분한 이유가 된다. 북친의 사회적 생태론과
코뮌주의 기획을 하나의 가능한 대안으로 놓고 토론을
벌여야 할 이유도 마찬가지다. 북친의 기본적 문제의식

역시 동일한 상황 인식에서 비롯되었기 때문이다. 북친을
유명하게 만든 사회적 생태론은 기본적으로 생태문제가
사회문제(사회 내 지배체제)에서 비롯된다는 주장이다. 아울러
그의 코뮌주의는 반자본, 반시장의 지역자치 생태공동체의
연대 운동만이 사회문제와 생태문제 해결의 유일한 통로라는
주장이다. 인간 사회를 불행과 불평등으로 몰아가고 자연을
파괴하는 시장 만능의 경제, 성장을 위한 생산은 중지되어야
한다.

북친은 마르크스의 자본주의 비판을 받아들이면서도
다른 한편으로 아나코-코뮤니즘의 유산인 반자본, 반국가,
반권위, 코뮌과 연방의 사상을 더욱 발전시킨다. 북친은
현대의 일부 아나키즘 운동, 공동체 운동, 생태운동에
나타나는 복고주의, (동양적) 신비주의, 영성주의,
(신)맬서스주의, 반인본주의, 반기술주의, 반계몽주의,
상대주의에 반대한다. 오히려 기술의 인간적 사용
가능성을 옹호하고 계몽과 인본주의의 이상, 혁명 전통을
계승하고자 한다. 아울러 시민 자치의 전통인 고대 그리스의
폴리스, 근현대 서구의 도시 자치 운동, 파리코뮌의
전통을 현대화하여 나름의 대안정치 이념인 리버테리언
지역자치주의를 주장한다.

1921년 뉴욕에서 태어난 북친은 평생 자본주의의 대안 모색과 이를 위한 실천에 헌신한 사람이다. 그의 부모는 유대계 러시아인으로, 조부모가 러시아 사회혁명당 당원으로 활동하다 1905년 혁명이 실패하자 조국을 떠나 미국으로 이주했다. 북친은 어린 시절 브롱크스의 가난한 동네, 러시아혁명에 대한 열광이 채 가시지 않은 노동자 동네에서 자란다. 그래서일까, 대공황이 시작되고 1930년대가 되면 10대의 어린 나이임에도 불구하고 여러 급진 조직에 가입해 활동한다. 자유와 해방을 위한 운동에의 헌신이 이때 이미 시작된 것이다. 생활 형편이 어려운 북친은 어린 나이부터 일을 해야 했다. 그러면서 노동조합운동에 참여하고 공산당이 후원하는 여러 조직에서 활동했다. 일찍부터 선동가, 조직가, 학습 지도자로 사회에 눈뜬 북친은 평생 활동가로 산다. 한번도 제대로 된 고등교육을 받지 못한 그가 그처럼 많은 글을 남긴 것은 놀라울 따름이다. 혹자는 그의 글과 사상을 두고 학문적 논거가 부족하다, 중언부언이 많다, 비판만 일삼고 정확한 자기주장은 없다고 평한다. 실제로 그의 생태론은 학계에서 거의 논의되지 않는다. 하지만 이런 비판과 무시는 아카데미즘의 오만이며 그의 삶과 실천의 행간을 읽으려는 노력을 포기한 탓이다.

북친은 스페인혁명이 발발했을 때
공산주의자들(스탈린주의자들)의 소위 인민전선 전술에
실망해 그들과 결별한다. 스탈린주의자들이 스페인
노동계급을 배신한 사건 때문이다. 그때 이미 북친은
공산당의 제반 정책에 비판의 시선을 보내고 있었다. 잠시
트로츠키주의 운동에 관여하고 이를 위한 글도 발표한
북친은 제2차세계대전이 끝난 이후에는 점차 리버테리언
사회주의로 경도된다. 끊임없는 현장 활동과 병행하여 기존
급진 이론의 기본 전제들과 논리적 귀결들을 본격적으로
재검토하기 시작한 것도 이즈음이다.

북친은 제2차세계대전 이후 등장한 대부분의 중요한
급진 운동에 행동가이자 이론가로서 참여했다. 노동운동이
급진성을 상실하기 전에는 노조 간부로, 파업 지도자로
활동했고 일찍이 1950년대에 환경운동을 시작했다.
1960년대에는 사회적 생태론의 기본 골격을 제시하며
현대 생태운동의 선구자가 되었다. 1960년대 민권운동,
반핵운동에 참여했으며, 68혁명 당시 미국 신좌파의 대표
조직인 민주사회학생회Students for a Democratic Society, SDS 활동에도
관여했다. 이 무렵 그는 네오아나키즘 성향의 여러 생각을
발전시킨다. 녹색당 창당에 깊이 관여한 것도 이때다. 한편

그의 거주지인 버몬트주 벌링턴에서 지역문제 해결을 위한 활동에 참여하고 지역 선거운동에도 뛰어든다. 그가 이런 다양한 실천 활동을 잠시나마 접고 책상에 앉아 작업한 것은 몸이 불편해진 말년 몇 년뿐이다.

이런 치열한 활동 중에도 북친은 스무 권이 넘는 책을 냈으며, 방대한 분야에 걸쳐 글을 쓰고 강연을 했다. 역사, 인류학, 철학, 생태학, 문화, 사회조직, 혁명사, 도시의 역사 등 그가 다룬 주제들은 실로 광범위하다. 그중 북친을 유명하게 만든 글은 생태 사상과 정치학을 다룬 책, 대표적으로 《희소성 이후 시대의 아나키즘》(1971), 《생태사회를 향하여Toward an Ecological Society》(1980), 《자유의 생태론》(1982) 등이다. 이 책들은 여러 세대에 걸쳐 급진 사상가들에게 영감의 원천이 되었다.

　　그 스스로 명명한 '사회적 생태론'의 기본 구상은 1965년의 글 〈생태론과 혁명 사상〉에서 마련된다. 이 구상은 이어서 《자유의 생태론》, 《사회생태주의란 무엇인가》(1990), 《휴머니즘의 옹호》(1995)를 통해 구체화된다. 한편 리버테리언 지역자치주의의 기본 구상은 1971년의 글 〈루덴도르프 공세와 여름 휴가Spring Offensives and Summer

Vacations〉에서 마련되었고, 더 온전한 골격은《도시의
한계The Limits of the City》(1974)와《도시화에서 도시로From
Urbanization to Cities》(1995) 등을 통해 제시된다. 1996년에서
2005년 사이에는 네 권의 민중혁명사《세 번째 혁명The Third
Revolution》을 펴낸다.

　　사회적 생태론의 기본 의도는 사회와 자연의 조화로운
관계 회복을 통해 이성적이고 생태적인 사회를 만들어내는
데 있다. 이를 위해 북친은 인간의 역사와 문화, 그리고
자연의 진화에 대한 변증법적 해석을 시도한다. 북친은
칼 마르크스의 자본주의 비판을 받아들인다. 하지만
반권위적 사회주의자이자 리버테리언 사회주의자인 북친은
아나키즘의 살아 있는 유산을 통해 마르크스의 생각을
보완하고자 한다. 이런 그의 입장이 잘 드러난 것이 그가 한때
제창한 '희소성 이후 시대의 아나키즘'이다. 이는 리버테리언
전통과 마르크스 전통을 변증법적으로 종합한 북친 고유의
이론이었다.

　　아나키즘에 대한 북친의 태도는 이중적이다. 그는
아나코-코뮤니즘, 에코-아나키즘, 사회적 아나키즘을 줄곧
옹호했고 마지막까지도 아나키즘의 일정한 경향, 그가
즐겨 사용한 표현으로 말하자면 리버테리언　전통(반국가,

코뮌, 연방제, 자주관리의 사상)을 적극 수용한다. 하지만 다른
한편으로 1999년에 이르면 그해 열린 제2차 리버테리언
지역자치주의 학술대회에서 자신이 더 이상 아나키스트가
아님을 공개적으로 선언한다. 역사 속의 아나키즘은
애초부터 니힐리즘에 감염되어 있고 근원적으로 반사회적인
개인주의의 결함을 갖고 있다는 것이다. 대신 북친은 자기
사상을 '코뮌주의'로 천명한다. 북친이 보기에 아나키즘의
또 다른 결함은 급진적 사회변혁을 위한 구상을 제시하지
못했다는 데 있다. 북친의 코뮌주의, 지역자치주의는 이에
대한 그 나름의 답이다. 코뮌주의의 기획을 통해서 그는
과거 아나키즘의 막연한 '국가 없는 사회', '상호부조'의
구상을 넘어서는 더 구체적인 직접민주주의, 지역자치주의,
연방제의 구상을 전개한다. 이 책에는 그런 구상을 잘
보여주는 대표적인 글 네 편이 실려 있다.

첫 번째 글 〈사회적 생태론이란 무엇인가?〉는 사회적
생태론의 기본 골격을 제시한다. 이 글은 본래 마이클
짐머만Michael Zimmerman의 《환경철학Environmental
Philosophy》(Prentice Hall, 1993)에 실렸던 것으로, 사회와
자연에 대한 북친의 발전론적 관점, 제1자연(생물학적 진화)과

제2자연(인간 문화) 사이의 관계에 대한 북친의 생각이 서술된다. 이어서 인간이 자연의 주인이라는 자연 지배 사상은 위계구조의 역사적 등장과 함께 시작되었으며 최종적으로는 자본주의의 등장으로 심화되었음을 밝힌다. 생태위기를 극복하고 새로운 생태사회를 만들기 위해서는 무엇보다도 모든 위계구조에 맞서 싸워야 한다는 것이 글의 요지다.

두 번째 글 〈고도자본주의 시대의 급진 정치학〉은 1989년 《녹색 좌파 관점》 18호에 실렸던 글을 북친이 2001년에 수정한 것이다. 이 글은 변화한 자본주의의 새로운 국면들을 무시하는 마르크스주의의 경제주의적 계급 환원주의에 대한 비판으로 시작한다. 이어서 북친은 '사회', '정치', '국가'의 관계를 새롭게 조명하고, 나아가 시민 영역과 도시(공동체)의 역사적 역할에 주목하며 지역자치체와 연방을 중심으로 한 새로운 급진 생태정치학을 전개한다.

세 번째 글 〈반동의 시대, 사회적 생태론의 역할〉은 1995년의 글로, 이는 북친이 《휴머니즘의 옹호》를 막 출판한 직후다. 이 책은 소위 '심층생태론', 신비주의, 반인본주의, 그리고 포스트모던 경향의 각종 절충주의와 상대주의에 대한 비판서이다. 한편 이 글은 본래 1995년 스코틀랜드

더넌에서 열린 '사회적 생태론자 국제 모임'에서 발표되었고 같은 해《녹색 좌파 관점》33호에 〈현실주의가 현실에 대한 항복이 될 때When Realism Becomes Capitulation〉란 제목으로 실렸다. 여기서 북친은 심층생태론 등 당대 사상들을 비판하고 자신의 사회적 생태론이 이들과 어떻게 다른지 밝힌다. 그에 따르면 사회적 생태론은 계몽주의의 전통, 그리고 뒤이은 혁명 사상의 전통과 연결된다. 네 편의 글 가운데 북친 사상의 고유성이 가장 잘 드러나는 글이다.

마지막 글 〈코뮌주의 프로젝트〉는 이 책에서 가장 중요한 글이다. 다른 글에서 제시된 주장들이 통일되어 하나의 새로운 종합적 전망으로 제시되기 때문이다. 이 글은 처음에 〈코뮤널리스트 모멘트The Communalist Moment〉란 제목으로 작성되어 회람되다가 2002년 《코뮌주의Communalism》2호에 수록되었다. 그는 이 글을 통해 마르크스주의, 아나키즘, 생디칼리슴과 자신의 새로운 리버테리언 급진주의가 어떻게 다른지 제시한다. 아울러 코뮌주의와 리버테리언 지역자치주의의 연관을 밝힌다. 이 글은 특히 과거 아나키즘에 빠져 있던 북친의 이론이 어떻게 그것과 길을 달리하게 되는지 잘 보여준다. 그는 아나키즘이 권력이론을 제시하지 못하며 실생활의 중요한 정치문제 역시 다루지 못한다고 비판한다. 그러면서 그 나름의 정치학, 다시 말해 자치의 주체인 새로운 시민은 어떻게 가능한가, 시민의 역량 강화empowerment를 위해서는 어떤 정치제도를 구비해야 하는가, 새로운 정치 문화는 어떠해야 하는가, 교육의 역할은 무엇인가 등을 제시한다.

이 작은 책이 북친 사상의 전모를 속속들이 보여주지는 못할 것이다. 하지만 이 책은 사회적 생태론과 코뮌주의 기획의 기본 골격을 이해하는 데는 더없이 훌륭한 입문서다.

한국 사회의 민주주의가 위기를 맞고 있다. 신자유주의의 전면화로 인해 서민과 약자의 고통이 가중되면서 사회 전반의 민주주의가 후퇴하고 있다. 진보 개혁 정치세력은 국민의 동의를 얻어낼 수 있는 유효한 대안과 정책을 제시하지 못하고 오히려 비생산적인 분열만 일삼고 있다. 세계자본주의의 위력은 여전하고 대중 정서는 근시안적으로 변함에 따라 새로운 사회로의 전환은 부단한 혁신과 기나긴 운동을 통해 먼 미래에야 이룰 수 있을 것이다. 그러면 그 사이에 무엇을 해야 하는가. 한국 사회의 제반 진보 개혁 정치권이 노리는 '권력(지분)' 장악을 통한 '국가'의 (복지국가적) 재구성 기획은 현실적으로 변혁이 무한정 지연됨으로써 야기되는 문제들에 대한 처방이 없다.

이런 맥락에서 우리는 북친의 사상으로부터 한 가지 교훈을 얻어야 할 것이다. 코뮌 운동, 대안 (생태)공동체 운동, 지역자치 운동은 국가와 시장경제의 틈새에서 미래 사회의 삶, 즉 반자본, 반시장, 반권위, 생태, 자율, 연대의 삶을 구현하는 작은 장소들이다. 이 운동은 국가 재구성 논리의 한계인 관료주의, 권위주의, 시혜적 복지로 인한 대중의 수동화를 넘어서거나 (적어도) 보완할 수 있다. 국가 재구성 논리는 '시장과 자본의 포위'를 넘어서기 어렵고 본질적으로 중앙집중의 논리이다. 반면 공동체 운동, 지역자치 운동은 비록 작은 운동이어도 반시장 운동이며 분산de-centralization의 운동이다. 게다가 이는 자치와 자율의 운동으로, 시민의식과 민주주의의 훈련장이다. 삶의 피폐화가 야기한 대중의 무임승차, 박정희 신드롬류의 사회적 병리 확산은 시민의 자율과 자치 참여를 통해서만 극복될 수 있다. 생활민주주의의 공동체들은 변혁의 동력으로서도 의미를 지닌다. 다양한 유형과 성향의 공동체들의 수평적 네트워크는 그람시가 말하듯 진지전이 필요한 시대에 적합한 운동 전략이다. 북친의 사회적 생태론과 코뮌주의는 그 자체로서 사회적, 정치적 대안이 되기엔 한계가 있다. 하지만

자본과 권력은 물론이고 진보 개혁운동, 시민운동마저
중앙화된 가운데 제 힘을 발휘하지 못하는 상황에서는
다시 아래로 내려가 크고 작은 코뮌 운동, 지역자치 운동,
생태공동체 운동, 자율 네트워크 운동 등에 힘을 쏟아야 할
것이다.

2024년 8월

서유석

추천의 글

지금 머레이 북친을 어떻게 읽을 것인가
- '사회적 생태론'이 던지는 현재 기후·생태운동의 쟁점들

채효정
정치학자 · 기후정의운동 활동가

역사 속에서 읽기
― 사회적 생태론의 역사적 배경과 현시대적 의미

《착취 없는 세계를 위한 생태정치학》은 머레이 북친의 사상을 엿볼 수 있는 네 편의 글을 담고 있다. 머레이 북친의 사상은 '사회적 생태론'과 '리버테리언 코뮌주의'로 요약될 수 있다. 사회적 생태론이 자연과 인간의 관계를 재정립하고자 한다면, 리버테리언 코뮌주의는 그를 위해 인간과 인간의 관계가 어떻게 변화해야 하는가를 모색하는 실천론적 대안이다. 그런데 이 글들은 어떤 연구의 목적을 가지고 완결된 형태의 책으로 쓰인 게 아닌데다, 당대의 시대적 상황에 개입하기 위해 각각 다른 시기에 쓰인

것이어서 이 글들만으로 북친의 사상 전체를 조망하기에는
어려움이 있다. 북친이 살았던 시대와 지금 여기의 우리
사이에는 시간적 간극도 존재한다. 리버테리언, 아나키즘,
생태주의, 사회주의, 코뮌주의라는 주요 개념들에 대한
역사적 경험과 인식의 차이도 크다. 그런 점에서 북친의
이야기를 제대로 이해하기 위해서는 먼저 이 글들이 생산된
'역사적 맥락'을 이해하는 것이 중요하다. 그렇지 않고서는
많은 왜곡과 오해가 생길 수 있기 때문이다. 이 배경을
이해할 때 우리는 '사회적 생태론'이 이념으로서의 구상이
아니라 당시에 대두한 특정한 생태주의 사상과 실천을 향한
비판적 작업임을 알 수 있다. 이를테면, 사회적 생태론은
심층생태론과 사회생물학에 대한 반론이자 비판이다.
리버테리언 코뮌주의는 생태위기를 극복하기 위해 북친이
제시하는 사회적 실천론이며, 리버테리언 아나키즘에
대한 북친 자신의 수정과 보완이다. '리버테리언'은 북친의
사상에서 생태주의와 코뮌주의를 연결하는 매우 중요한
키워드지만 오늘날 보편적으로 쓰이는 '자유지상주의'의
개념으로 이해된다면 혼란이 초래된다. 그래서 텍스트의
안과 밖을, 그때와 지금을 직조하는 '역사적 읽기'가 이 책을
읽어가는 길잡이가 되어줄 듯하다. 북친의 사유가 어떤

시대적 상황에서 어떤 고민과 문제의식으로 나왔는지를 이해해야, 그 시대의 생태주의적 쟁점들과 지금 가속화하고 있는 기후 생태위기 속에서 우리가 부딪히는 여러 논쟁점이 연결되어 있다는 것을 알 수 있으며, 나아가 그의 문제의식을 지금 우리에게 필요한 물음들로 의미 있게 재구성할 수 있을 것이다.

이 책에 실린 네 편의 글, 즉 〈사회적 생태론이란 무엇인가?〉, 〈고도자본주의 시대의 급진 정치학〉, 〈반동의 시대, 사회적 생태론의 역할〉, 〈코뮌주의 프로젝트〉는 각각 1993년, 1989년, 1995년, 2002년에 처음 발표되었다. 대략 1990년대를 관통하며 쓰인 셈이다. 이 연도들이 독해를 돕는 하나의 이정표가 되어줄 수 있을 것 같다. 1990년대는 여러 가지 면에서 중요한 분기점이다. 서구 자본주의의 고도성장기가 끝나고 45년 체제라 불리는 전후 체제가 마지막 종지부를 찍었던 시기, 냉전이 끝나고 국민국가 질서가 해체되면서 금융자본주의 질서가 전 지구적 차원에서 헤게모니를 장악해가던 시기다. 한국의 1990년대는 미완의 민주화를 완수하기 위한 투쟁과 쇄도하는 신자유주의에 맞서는 투쟁이 거대한 민중 저항으로 분출되었던 시기다. 그러다 '국가부도'라는 초유의 사태를 겪으며 결국 미완의 자유민주주의 체제를 끝내고, IMF 체제를 받아들여 초단기간에 압축적 신자유주의화를 추진해나간 때이다.

이 시기의 신자유주의화는 자본의 축적 양식이나 노동 체제의 변동뿐 아니라 사회의 모든 질서에 중요한 변형을 일으켰다. 노동과 자본, 자본과 국가, 국가와 시민사회의 관계도 변화했다. 이 과정에서 시민사회 운동은 통치 질서 속으로 흡수되며 부침을 겪었고 생태환경 운동도 여기서 자유롭지 않았다. 1990년대는 생태적으로도 중요한 연대기다. 그때부터 지금까지 인류가 배출한 탄소량이 산업혁명 이후부터 1990년대까지 배출한 탄소량보다 더 많기 때문이다. 이전의 자본주의와는 완전히 다른 양상으로 전개된 1990년대 이후의 물질 및 에너지 소비, 생태파괴의 성격은 그것을 야기한 경제체제, 정치체제와 분명 깊이 관련돼 있다. 30년의 배출량이 300년의 배출량을 능가해버린 정치적 이유를 지금의 우리는 물어야 한다. 이 책에 실린 글들은 이러한 역사적 분기점 속에서, 북친 스스로 '반동의 시대'라고 명명한 1990년대를 관통하며 쓰인 것으로, 1960년대부터 1990년대에 이르는 동안 서구에서 일어난 생태주의 운동과 사상의 궤적 위에서 그에 대한 반성과 비판을 담고 있다.

북친의 사상은 늘 동시대의 운동 속에서 당면한 문제를 비판하고 그에 개입하는 '응답하는 사상'으로서의 면모를 갖고 있는데, 그중에서 북친이 특히 비판했던 당대의 사상적 조류는 심층생태론이었다. 심층생태론은 여전히 '근본'을 묻는 급진적 생태주의로 인식되고 있고, 특히 한국 사회 '녹색운동'의 갈래 속에서는 기술비판론과 문명비판론에 근거한 심층생태론이 종교적 생태운동과 풀뿌리 운동 안에서 여전히 중요한 영향력을 미치고 있다. 이 때문에 그 자장 속에 있는 독자에게는 북친의 비판이 의아하기도 하고 불편하게 느껴지기도 할 것이다. 북친은 무엇 때문에 심층생태론을 그토록 비판한 것일까. 여기에는 1960년대 이후 서구에서 시작된 생태적 각성과 그에 따른 환경운동이 시대에 따라 굴절되었던 배경이 존재한다.

먼저 심층생태론이 태동한 배경과 그 운동이 전개되어간 과정을 살펴보자. 서구에서 첫 번째 생태주의적 각성은 1960년대에 시작되었다. 우리에게도 잘 알려져 있는 레이첼 카슨의 《침묵의 봄》(1962)이 중요한 계기였다. 이어서 68혁명을 통해 서구 문명에 대한 근본적 반성과 인간중심주의에 대한 본격적인 성찰이 전개되었다. 그런데 이런 전환이 인식의 전환이나 문화적 차원에서 이루어진

것만은 아니었다. 1970년대 내내 서구 자본주의는 성장의
위기를 겪었다. 내부적으로 자본은 국내 노동자들의 임금과
노동권을 더 이상 보장할 수 없는 '착취의 한계'에 직면했다.
외부적으로는 독립한 과거 피식민 국가들이 이전에
체결한 불공정 계약을 하나둘 기각하고, 자원을 통제하고
국유화함에 따라 '자원의 한계'에 직면한다. 특히 산유국이
석유 생산을 통제하고 기름의 값싼 공급이 중단되자,
자원이든 식민지든 예전처럼 한계 없이 조달하는 것은
불가능하다는 '성장의 한계'를 인식하게 된다. 이로써 근대
혁명 이후 지구를 무한한 원료 창고처럼 써온 서구 자본주의
체제에 제동이 걸리고, 서구의 선진 산업국가들은 '무한하고
저렴한 자원'에 기반한 성장 모델을 수정할 수밖에 없는
상황에 부딪힌다. 신자유주의는 바로 이런 내외부의 위기에
대응하는 자본주의적 대안 기획이었으며, 1970년대부터
시작된 서구의 사회 구조조정 또한 이 위기로부터 기원한다.
지배계급 내부에서도 생태위기를 경제성장의 문제로
인식하는 연구들이 진행되었으며, 로마클럽Club of Rome의
유명한 보고서《성장의 한계》(1972)가 출간된 배경도 여기에
있다. 서구 사회에서 태동한 첫 번째 생태주의적 각성은 이런
성장의 위기와 맞물리면서 자원 고갈과 환경오염의 문제로

전환되었다. 이는 사회와 문명에 대한 근본적인 생태적 각성을 '자원 확보'와 '환경보호'라는 오늘날의 주류화된 환경주의 관점으로 이동시키도록 만들었다.

이렇게 생태문제를 근본적인 문제가 아닌 '환경보호' 같은 현상의 차원에서 바라보는 당대 환경운동 경향에 대한 비판이 급진 생태론자들을 중심으로 제기된다. 노르웨이의 철학자 아르네 네스는 이를 '심층deep 생태론'이라고 명명했는데, 이 명명은 환경보호 운동 같은 형태로 미끄러져가던 당대의 '피상적인shallow 생태론'에 대응하는 것이었다. 심층생태론은 기술주의적 해결책에 경도된 얄팍한 환경주의가 (경제성장이나 인간 생활에 불편함을 주기 때문에 생태문제를 해결해야 한다는) 인간중심적 관점에서 생태위기를 바라본다고 비판하며 인간중심주의적 철학 자체를 극복할 것을 요구한다. 그러나 1980년대부터 생태주의 내부에서 이러한 심층생태론에 대한 비판이 제기되기 시작하는데, 머레이 북친이 그중 대표적인 논자다.

생태주의적 인식 전환은 그 자체로 기존의 지배적 관념과 질서에 도전하는 비판적 담론이자 실천이었다. 그러나 그 반성적 문제의식과 사회운동을 통해 탄생한 환경운동 단체들은 점차 몸집을 불리고 영향력을 키워가면서

그러한 성격을 잃어갔다. 이들은 제도 안에서의 연구
개발과 정책 로비, 캠페인 중심의 사업에 주력했고 기업에게
막대한 자금을 지원받으며 운영방식마저 기업화했다.
그런데 반대편에서 이를 비판하던 심층생태론은 '자연으로
돌아가자'고 외치며 자연은둔자(자연인)가 되어 자족적
공동체 생활을 영위하거나 기도, 명상, 나체주의, 신비주의에
심취하는 '반문명, 반기술주의적' 실천으로 변질됐다. 서구
문명에 반기를 들고 반문화 운동을 선도했던 저항적 히피는
세련된 여피로 변신했고, 환경친화적 기득권층으로 변하기도
했다. '친환경 부르주아'들은 면이나 린넨 같은 친환경 섬유로
된 옷을 입고, 플라스틱 물건 대신 수공예품을 선호하며,
퇴근길에는 유기농 식료품점에서 장을 본다. '보헤미안
부르주아'를 뜻하는 '보보스bobos족'이라는 그리 자랑스럽지
않은 이름까지 생겨났다.

북친은 "1960년대 반문화 운동은 코뮌, 생활협동조합,
자선 조직 등을 유산으로 남겼다. 하지만 오늘날 이 운동의
대부분은 일종의 부티크 사업으로 전락하여 명맥만 유지되고
있다"(70~71쪽)고 신랄하게 비판한다. '반동의 시대'에 이르러
심층생태론은 "동물중심적 환원주의, 신맬서스주의적
'기아의 정치', 반인본주의, 생명 또는 '생태' 중심주의를

강조"하는데, 북친에 따르면 이들의 입장은 "생태주의를
위계구조의 최정상에 있는 영국 왕족의 입맛에도 맞고 저
밑바닥에 있는 룸펜 아나키스트의 입맛에도 맞는 것으로
바꾸어버렸다"(102쪽). 한쪽에선 지배체제 안으로 들어간
환경운동이 협소하고 얕게 정의된 '환경문제' 해결에만
주력하면서 세계관이나 체제에 대한 근본적 고민은
하지 않는다. 그 반대편의 생태주의는 인간중심주의를
비판하고 인간-동물의 분리와 위계 및 불평등 관계 철폐를
주장하면서도, 사회적 불평등과 차별을 시정하고 권력관계와
지배질서를 바꾸기 위한 적극적인 정치 투쟁과는 거리를
둔다. 그럴수록 생태주의는 '심오한 사상'이 되어 사회의
불평등 구조 및 권력관계와 무관한 것이 되고 만다.

　이러한 서구 생태운동의 태동과 전개, 굴절의 과정은
1990년대 이후 본격화된 한국의 생태주의 사상과 실천이
전개돼온 과정에서도 유사하게 나타났다. 북친이 사회적
생태론을 제기하게 된 시대적 상황이 1990년대 이후 한국
사회운동과 생태운동의 지형 속에서 다시 펼쳐지고 있는
것도 같다. 녹색운동이 극우부터 극좌까지의 스펙트럼을
전부 아우르는 현재에 '녹색'이나 '에코'라는 말은 그것이
태동했던 시기의 급진적이고 저항적인 상징성을 담지하지

못한다. 지난 총선에서 한국의 '기후정치'는 극우정당, 신자유주의 정당, 진보정당의 기후정치인을 모두 '기후정치인'으로 호명했다. 이러한 시대에 '기후정치'나 '생태정치'라는 깃발을 드는 것만으로는 이제 충분치 않다. 우리는 어떤 생태주의 노선과 입장을 가지고, 어떤 생태정치의 길로 갈 것인가를 결정해야 한다. 20세기를 경과해온 북친의 사회적 생태론은 오늘 우리가 검토해보아야 할 중요한 쟁점을 제공하는 철학적 노선이며 정치적 입장이다.

사회적 생태론은 무엇을 비판하고 넘어서고자 하는가
— 인간중심주의와 반인간주의를 동시에 넘어서기

이 책에서 북친은 '외계인론'과 '기생충론'이라는 흥미로운 비유를 통해 생태운동 내의 인간중심주의와 반인간주의를 비판한다. 인간중심주의는 인간이 마치 지구 바깥에서 온 외계의 고등동물이기라도 한 것처럼 비인간 존재를 향해 '넘사벽'의 선을 긋고 인간의 우위를 설정한다. 이러한 인간중심주의는 여전히 극복되지는 않았지만 지금까지 많은 비판과 반성이 수행되었다. 특히 '인류세' 개념까지 등장한 기후위기 시대에 인간중심주의를 극복하자는 말은 최소한 생태주의 운동 안에서는 누구도 부정하지 않는다. 오히려 지금 더 큰 문제는 인간중심주의의 반대편에서 출현하는 또 다른 편향으로서의 반인간주의다. 이 관점은 인간을 지구의 침입자, 좀이나 벼룩 같은 지구의 기생충, 주어진 자연의 섭리를 위반하고 생태적 질서를 해치는 존재로 본다. 이것은 인간중심주의 못지않게 위험한 인간 혐오와 반인간주의를 유포한다. 이 관점으로 보자면 인간이 지구를 향해 할 수 있는 최선의 행동은 '아무것도 하지 않는 것'이다. 인간이 없어지는 것이 지구에는 가장 좋다. 그럴 수 없다면 자연을 그냥 내버려두고 다른 동물들같이 주어진 환경에 적응하며 자연의 질서에 따라서 사는 것이 그나마 생태적인 삶의 방식이 된다. 북친은 인간을 비인간 동물보다 우월한 존재로 보고 다른 존재를 마음대로 할 수 있다고 여기는 것은 분명 비판해야 마땅하지만, 비인간 동물들이 각자의 고유성을 갖듯 인간도 고유한 특성을 갖고 있는데 이를 완전히 무화하는 것도 문제라고 생각한다. 그것은 인간이 가진 이성적 역량과 정치적, 윤리적 실천 역량 모두를 부정하는 일이다.

　　인간을 동물로 환원하는 '자연중심주의' 또는 '동물 환원주의'는 자연의 섭리를 절대화함으로써 정치적 문제를 야기한다. 예를 들어 시장주의는 인간을 '본능(자연)에 따라 사는 존재'로 규정하고, 자연(중심)주의를 시장(중심)주의의 논리로 사용한다. 이익 추구는 인간의 본능(자연)이며 시장은 이 본능에 따라 구성된 자연 질서라는 것이 시장경제론의 기본 논리다. 이러한 자연순응론은 환경순응론, 시장순응론뿐 아니라 다양한 형태의 숙명론으로 변종된다. 근대 혁명 이후 서양 정치철학은 사회와 정치 질서에서 '섭리'를 걷어내는 것을 중요한 목표로 삼아왔다. 가령 '신-왕-가장'으로 이어지는 위계질서를 섭리라고 설명하며 그에 복종시키는 것은 인간을 주어진 질서에만 따라 살게 하는 것이며, 그 질서를 벗어나려는 자유를 박탈하는 것이기 때문이다. 시장의 원리가 자연의 섭리를 대체하게 된 오늘날 '시장에 개입하지 말라'와 '자연에 개입하지 말라'는 '질서'에 대해 '아무것도 하지 말라'는 명령을 공유한다. 시장에는 그 자체로 완전한 자연 질서가 있고 여기에 인위적으로 개입해서 이를 조작하려 할수록 질서는 교란되고 나빠진다는 것이 자본주의적 섭리론을 구성한다면, 우리는 이 섭리주의의 기본 논리와 정치적 결과를 사유해야만 한다.

생태주의 담론 안에서 인간중심주의와 반인간주의는 모순적인 방식으로 상호 공명한다. '지구 절반 재야생화'는 이 상반되는 두 입장이 어떻게 공존할 수 있는지를 보여주는 흥미로운 사례다. 이 아이디어는 1970년대 사회생물학을 창안한 곤충학자 에드워드 윌슨Edward Wilson에 의해 나온 것인데 최근 기후위기의 대안으로 다시 검토되고 있다. 요지는 '생물종의 다양성 보존을 위해 지구의 절반을 인간의 손이 닿지 않게 야생화해야 한다'는 것이다. 한마디로 그린벨트나 국립공원 같은 자연보호 프로젝트의 전 지구적 확장판이라고 할 수 있다. 인간이 제거됨으로써 자연이 건강해질 수 있다는 이 기획의 전제는 인간을 자연의 침략자로 보는 관점을 반영하고, 또 '온전한 자연=야생'이라고 보는 발상 자체가 원시림을 (인간에 의해 정복되지 않았다는 의미에서) 처녀림이라 불렀던 제국주의적 사고와 다를 바 없다. 한편 이 '야생화'는 '자연스럽게' 되지는 않으며 인위적으로 추진돼야 하는데, 이때 어떤 인간은 지구를 구역화하고 인간과 비인간 동물의 거주를 할당하는 기획자이자 관리자의 지위에 서게 된다. 어떤 구역이 재야생화되고 어떤 구역에 인간의 거주가 허용될 것인지, 그것을 누가 결정하고 그 결정에 누가 적응해야 하는지의 문제에 이르면 이 기획은 자연만이 아니라 사회의 구조조정을 수반하는 매우 정치적인 기획이 될 수밖에 없다. '지구에게 지구 절반을 돌려주자'는 말은 생태-윤리적인 호소로 들리지만, 이 착한 목소리는 '자연화하는 존재'와 '자연화되는 존재' 사이의 불평등을 은폐한다. '지구 절반의 야생화'를 통해 쫓겨나게 될지도 모를 인간이나 보호구역 안에서 통제받으며 살게 될 존재에게는 '자연의 회복'이 '삶을 박탈'하는 폭력이 될 수도 있다. 이는 '탄소 흡수원 개발 프로젝트'를 위해 나무를 심고 숲을 조성할 때도 일어났던 폭력이다. '더 많은 나무를 심고 더 많은 숲을 만들자'는 무해한 말에 반대할 이는 없겠지만, 그 숲을 어디에 만들고 나무가 흡수한 탄소량으로 누구의 배출량을 상쇄할 것인지를 이야기하지 않으면 이 과정에서 만들어지는 폭력과 불평등은 '선량한 이야기' 속에 숨겨지고 만다.

그래서 스티브 커츠Steve Cutts의 단편 애니메이션 〈맨MAN〉이나 앨런 와이즈먼Alan Weisman의 책 《인간 없는 세상》과 같이 '지구에 인간이 없었다면 지구 생명체들은 안전하고 평화롭게 살았을 텐데'류의 서사는 인간중심주의를 반성하는 것처럼 보이지만 정치적으로 인간 혐오를 야기하는 매우 위험한 이야기 방식이다. 또한 이런 관점은 현재의 생태위기를 '인간 대 자연', '인간종 대 다른 생물종 전체'의 대립으로 왜곡한다. 생태 학살의 주범은 인류 전체가 아니라 자본이며, 지금 일어나고 있는 일은 인간 대 비인간 동물의 전쟁이 아니라 '자본 대 생명'의 투쟁이다. 물론 우리도 그 풍요의 이익을 나누어 먹고 살았고, 어떤 인류가 다른 종에 저지른 행위에 대해 같은 인류로서 책임을 가지고 반성하는 것은 필요한 자세라고 할 수 있다. 그러나 인간인 우리가 우리 자신을 혐오할 때, 민중이 자신과 같은 민중을 불신하고 경멸할 때, 우리는 우리가 가진 정치의 역량을 믿지 못하며 자치와 민주주의의 역량을 발휘하지 못하게 된다.

왜 지금 다시 '자유'가 중요한가

이런 배경 속에서 우리는 북친이 '사회적 생태론'이라는 사상의 실천론으로 왜 '코뮌주의'라는 정치적 기획을 제시했는지, 왜 그 코뮌주의에 '리버테리언'을 붙였는지 이해할 수 있다. 북친의 문제의식은 특히 1970년대 이후 미국에서 사회학과 생물학을 통합하려는 시도로 나타난 인간행동론이 1980년대 미국 사회과학 전반에 영향을 미치며 수용되었던 '행태주의적 전환'과 관련이 있다. 앞에서 언급한 에드워드 윌슨의 《사회생물학》(1975)은 그 전환의 기점에 놓여 있는 책이다. 사회생물학은 인간이 또 하나의 생물종일 뿐이라고 주장한다. 이는 오늘날 많은 동물해방 운동가도 지지하는 주장이겠지만, 문제는 이렇게 보면 인간학은 생물학의 하위범주로 포섭돼버린다. 처음에 이 사상은 과학철학과 정치철학에서 많은 비판을 받았다. '과학이 통일성을 만들어낼 수 있는가'는 과학철학의 오랜 논쟁이었는데, 사회과학을 자연과학에 통합시켜 세계에 대한 하나의 분석적 통일성을 만들어낼 수 있다고 보는 것은 그보다 더 위험한 가설이기 때문이다. 자연과학과 사회과학의 통합 시도는 윌슨의 다른 책《통섭》을 통해 2000년대 한국 사회에서 유행이 되기도 했다.《사회생물학》 또한 역사적 맥락이 거세된 채 도입되어 생태주의 안에서 큰 호응을 얻었다.

그러나 이 이론은 과학자들뿐만 아니라 인문사회학자들로부터 많은 비판을 받았다. 왜냐하면 인간 본성을 동물 본성의 연속선상에서 설명하는 것은 1920년대 인간행동 연구가 그랬던 것처럼 인종주의와 우생학을 정당화할 위험이 있기 때문이다. 1920년대의 인간행동 연구가 적국이나 식민지의 인간에 대한 사실상의 인종학이었다면, 1970년대에 다시 도래한 인간행동론은 특정 인종에 관한 연구를 인간 일반에 적용한 것이었다. 사회생물학은 사회과학 분야에서도 행태주의 연구로 수용되었고, 특히 경제학 분야에서는 기업의 지원을 받으면서 행동경제학을 발전시켰다. 소비 행태 등 시장 행동에 대한 분석과 예측조사를 상품 개발에 응용할 수 있었기 때문이다. 이러한 인간행동 연구는 정치학에도 침투했으며, 정치 행위 역시 동물행동학과 같은 관점에서 연구될 수 있는 것으로 인식되기에 이르렀다. 행태주의 연구방법론은 선거의 투표 행태 분석과 예측조사부터 원조의 효율성 측정에 이르기까지 안 쓰이는 곳이 없게 되었다. 1990년대 이후로는 사회생물학에 기반한 행태주의가 미국 학계 전반에 더 광범위하게 확산되었고, 사회와 인간을 이해하는 하나의 상식적인 인식론으로 자리잡게 되었다. 이로써 사회생물학은 외계인론과 기생충론을 '통합'해 '인간 생물종'에 대한 '외계인 생물학자'의 관점을 만들어냈다. 북친의 사회적 생태론에는 이와 같은 당대의 경향에 대한 문제의식도 반영되어 있다. 사회생물학은 인간이 저런 행동을 왜 하는지 설명할 수는 있지만, 어떻게 하지 않을 수 있는지는 설명할 수 없다. 본성을 위반하는 행동은 자연에 새겨져 있는 게 아니기 때문이다. 북친은 그것을 '자유'라고 본다.

이 맥락을 떼어놓고 생각하면 북친을 독해하는 데 가장 큰 난관은 '리버테리언'에 대한 해석이다. 왜냐하면

우리에게 잘 알려진 '리버테리언' 사상은 신자유주의보다
더 우파적인 이념으로 일체의 정부 개입을 거부하는 극단적
시장 자유주의, 극단적 개인주의적 자유주의로 이해되기
때문이다. 지난 30년 동안 신자유주의적 '자유화'의 결과
오늘날의 '자유' 개념에는 여러 가지 부정적인 의미가
부착되었다. 또한 우리는 너무 오랫동안 자본주의-
자유주의적 교육을 받으며 자유의 개념을 '해방'이 아닌
'권리'의 관점에서 바라봤고, 특히 최근의 자유는 대부분
'개인의 자유, 시장의 자유, 선택의 자유'와 같은 경제적
자유의 개념으로 쓰이고 있다. 그리하여 지금 우리가 쓰는
자유의 개념은 심하게 경제주의적 의미로 축소·왜곡되었고,
정치적 자유라고 주장되는 것들도 실상은 '개인의 자유,
선택의 자유, 행위의 자유' 같은 자유주의적 의미로 한정되는
경우가 태반이다. 이러한 시대에 당도한 '리버테리언'은
호감보다는 반감을 갖게 할지도 모르겠다. 특히 현재와
같은 문명을 만든 인간의 자유에 대해 근본적인 두려움을
갖고 있는 생태주의자에게는 더 그럴 것이다. 그러나
사회적 생태론 안에서 북친이 제기하는 자유란 '개인의
자유'와는 다른 층위에 있는 '인간의 자유'에 대한 이야기다.
자유란 폐해를 낳는다고 없애면 되는 문제가 아니기

때문이다. '코뮌주의'에 굳이 붙여진 '리버테리언'은 '자유 없는 코뮌주의'의 단순한 대립항으로 제출된 것도 아니고, 불완전한 사상을 보완하기 위한 수식어로써 추가된 것도 아니다.

북친에게 '자유'는 인간에게 속한 고유한 속성이다. 인간은 환경에 적응할 뿐 아니라 필요한 환경을 창조해내기도 하는 존재다. 물론 그 창조 능력은 좋은 방향으로도 나쁜 방향으로도 발휘된다. 그런데 주어진 질서에 따라 살지 않겠다는 '자유의지'를 기각하면 정치의 가능성이 사라진다. 정치는 어떻게 살 것인가를 스스로 결정하고, 그런 삶을 살 수 있는 정치공동체를 집단적으로 만들어가는 과정이기 때문이다. 다른 비인간 동물들은 현존하는 세계를 살아가지만, 인간은 도래하지 않은 세상을 꿈꾸고 살아가려는 존재다. 그런 점에서 자유는 곧 정치의 조건이자 인간의 조건이다. 그 자유는 개인적으로 실현될 수도, 위계적 질서나 억압적 국가 속에서 실현될 수도 없다. 북친에게 그 자유를 실현할 수 있는 정치 공간은 '코뮌'이며 그 안에서 우리는 일시적이라도 자유를 맛볼 수 있다.

역사 속에 나타난 코뮌들은 그 증거다. 많은 코뮌이 억압과 착취, 재난과 위기 속에서 만들어졌다. 파리 코뮌이 그러했고, 광주 코뮌이 그러했다. 미국의 사회운동가 리베카 솔닛Rebecca Solnit이 《이 폐허를 응시하라》에서 보여주는 것처럼, 정상 질서가 중단되고 체제가 마비됐을 때 지배 엘리트의 지도력과 통치 능력은 붕괴되지만, 지도자의 명령과 규율이 사라진 곳에서 인민의 자율성과 민주적 자치 역량은 빛을 발한다. 북친은 이런 것을 '자유'의 힘이라고 생각하는 것이다. 그러니 이런 일을 해낼 수 있는 인간의 이성과 창조성을 다 부정하거나 무의미하게 만들지 말자는 것이다. 이성은 도구적 이성으로 발휘될 수도 있지만 성찰적 이성으로 발휘될 수도 있다. 만약 우리가 자본주의 안에서 경제학적 사고, 시장주의적 사고를 강요받으며 '계산적 합리성'만을 발달시키도록 교육받지 않고, 그런 사고방식과 생활방식으로 강제된 삶에 가두어지지 않는다면 인간은 주어진 질서 바깥에서 없던 길을 찾아갈 수도 있는 존재라는 것이다. 그렇다면 우리는 그런 능력을 우리 자신과 다른 존재들의 해방을 위해 발휘해볼 수도 있지 않은가? 그런 점에서 정치야말로 '자유의지'와 자율성이 가장 빛을 발하는 행위이다.

그렇게 볼 때 북친이 견지하고자 하는 '리버테리언'은 해방하는 자이자 해방된 자인 '해방자'로서의 자유인이라고 이해할 수 있을 것이다. 북친이 우리에게 설득하려고 하는 것은 우리가 자유의 존재로서 이 지구에서 자신의 역할을 다하며 살아가자는 것이다. 그것은 고장난 기계를 고치듯이 온도를 낮추고 자연을 보호하는 방식이나, 지구 바깥에 있는 외계인처럼 '자유로운' 인간을 말하는 게 아니다. 자신이 만든 사회질서를 바꿀 수 있는 존재, 다르게 살아갈 수 있고 다르게 살기로 결심할 수 있는 존재인 인간에 대한 요청이라고 나는 생각한다.

지금 이 자유의 의미를 탈환하고 재구성하는 것이 그 어느 때보다 중요한 것은 신자유주의적 '자유의 만행'에 대한 반작용으로 질서와 보호, 안전과 통제를 요구하는 목소리가 높아지고 있기 때문이다. 이것은 정치적으로 매우 위험한 징후다. 창살이 없어 위험하니 창살이 필요하다는 이야기나 마찬가지인데, 그 속에 누구를 가둘 것인지에 대한 이야기는 없다. '기후위기가 너무 심각하기 때문에', '지구 온도를 낮출 수만 있다면' 어떤 일이라도 해야 한다는 말이 기후·생태운동 안에서도 점점 많이 들려온다. 지구를 위한 그 '어떤 일'에 '일부 인간의 약간의 희생'이 포함된다 해도 어쩔 수 없는 일로 여기며 그것을 '적응'이라고 부르는 현실은 북친이 인간을 우월한 존재로 보는 관점 못지않게 인간을 해로운

존재로 치부하는 근본주의적 생태론을 경계하고 비판했던
이유를 알려준다. 총체적 무질서가 불러온 신자유주의에
대한 반동이 차라리 질서라도 있었던 전체주의와 (독재국가와
복지국가를 모두 포함한) 사회국가 시대를 그리워하게 만들고,
기후재난 앞에서 가중되는 불안과 공포가 기후 파시즘과
기후 리바이어던을 용인하는 위험한 시대에, 자유의 개념을
다시 정치화하는 것은 무엇보다 중요하다. 그래서 우리는
자유주의적 자유의 개념에 갇히지 않고 민중의 자유, 정치의
자유를 탈환하기 위해, 어떤 자유를 거부하고 어떤 자유를
원하는가를 논쟁하며 자유의 담론을 다시 구성해야 한다.
그런 점에서 북친이 고민했던 '리버테리언 코뮌주의'는
지금도 중요한 쟁점을 제시하며, 더 풍부하고 구체적으로
상상하고 확장해나가야 할 과제로 남는다.

　지금 우리의 시대는 북친이 비판했던 심층생태론과
사회생물학이 반복되는 시대처럼 보이기도 한다. 그러나
반복 속에는 새로운 것도 나타나고 있다. 주류 환경운동을
중심으로 탈정치화 경향이 강해지고 있기도 하지만
다른 한편으로는 기후정의운동을 통해 과거의 생태환경
운동이 다시 급진 정치화하고 있기도 하다. 북친이 비판한,
사회운동으로서의 생태주의를 신비주의로 인도했던

토테미즘이나 애니미즘은 오늘날 오리엔탈리즘이 아닌 탈식민주의적 언어로 재구성되며 훨씬 급진적이고 정치적 질문들을 던지고 있기도 하다. 정치를 동물과 인간을 구분하는 인간 고유의 활동이라 생각했던 전통적인 정치철학과 달리 현대 정치철학은 정치의 주체를 여성, 노예는 물론이고 비인간 동물과 사물에게로 확장하며 동물의 정치와 사물의 정치에 대해서도 질문한다. 물론 오늘날 등장하는 각종 동물 철학과 운동 안에도 북친이 경계했던 '반인간주의적 동물중심주의'의 편향이 항상 도사리고 있음도 기억해야 한다. 에코페미니즘도 마찬가지다. 북친은 에코페미니스트 반다나 시바Vandana Shiva의 소농주의를 비판하고, 에코페미니즘이 자연주의를 추구하며 기술적 진보 일체를 부정하고 심지어 과학적 의료 행위도 적극적으로 거부하는 모습에 대한 반감을 드러내기도 했다. '농촌으로 돌아가자'는 말이나 '자연으로 돌아가자'는 말이 정치 전선에서 후퇴하는 심층생태론의 표어와 동일하게 보였을 것이다. 실제로 당대 미국 사회에서 에코페미니즘은 향, 차, 기 수련, 요가, 도가 사상 등 동양 문화에 심취하거나, 바자회나 티 파티, 녹색어머니회 같은 중산층 여성 환경주의로 변질되기도 했으며, 그런 모습은 오늘날에도 존재한다. 그러나 기후위기 시대의 에코페미니즘은 기후위기가 불평등과 어떻게 관련되어 있는지를 폭로하고, 자연에 대한 채굴과 여성 몸에 대한 채굴, 동물에 대한 채굴이 동일한 식민화의 논리에 기반하고 있음을 고발하며, 기후·생태운동 내에서 발견되는 가부장제와 식민주의적 사고를 끊임없이 환기시키고 있다. 또한 오늘날 수많은 에코페미니스트가 탈식민주의, 반군사주의, 반종차별주의, 반자본주의 운동의 최전선에서 투쟁하고 있다. 또 북친은 인간 사회의 위계구조가 없어지고 인간과 인간의 관계가 평등해질 때, 다른 비인간 동물들과의 관계에서도 인간중심주의를 탈피할 수 있을 것이라고 보았지만 오늘날 동물해방론자들과 페미니스트들은 반대로 가장 낮은 곳의 해방이 모두의 해방을 가져온다고 말한다. 즉, 동물해방 없이는 인간해방이 없고, 여성해방 없이는 노동해방도 없다는 것이다. 이처럼 개념과 실천은 역사와 주체 속에서 부단히 변용되며 재구성된다. 이러한 변화 속에서 현시대에 필요한 자유와 코뮌의 모습 또한 끊임없이 재고하고 상상해야 한다.

지금 우리에게 필요한 것은 정치적 상상력이다

우리는 또 이런 질문을 던져볼 수 있다. 인간과 인간이 평등해지면 정말로 인간과 비인간 동물이 평등해질 수 있을까? 역사 속의 수많은 코뮌이 꼭 그렇지는 않다는 사실을 드러낸다. 고대 아테네 민주정은 폴리스 안에서는 시민들 간의 평등을 이루었지만, 다른 폴리스에 대해서는 우월적 지위에서 패권을 누리고자 했다. 시민들 간의 평등에서도 여성은 배제되었으며, 무엇보다 다른 인간을 말하는 짐승으로 만드는 노예제도를 승인했다. 그럼에도 타락한 민주정이 귀족정보다는 훨씬 훌륭한 정치를 해낸 것은 사실이지만, 역사는 어떤 훌륭한 도시도 얼마든지 타락할 수 있음을 보여준다. 북친이 예로 드는 중세의 자유도시들도 민주적이고 평등한 코뮌이라고 보기는 어렵다. 금융 가족기업인 메디치 가문이 지배했던 피렌체는 그들의 재력 덕분에 교회로부터 일찍이 독립해 자치권을 획득했다. 우리는 이 도시를 이탈리아에서 가장 독립적인 자유도시라고 할 수 있겠지만, 한 가문이 도시에 대한 지배권을 가진 그곳을 민주적이고 평등한 코뮌이라고 부를 수는 없다. 또 내부에서 비교적 평등한 공동체도 다른 공동체와의 관계 속에서는 불평등한 체제에 기반할 수도 있다. 한때는 '좋은 국가'의 표본처럼 생각되었던 서구 복지국가도 나라 안에서는 일정한 분배의 평등을 이루었지만 밖에서는 식민지 수탈을 일삼았고, 내부에서 수립한 시민들 간의 자유와 평등의 원칙이 식민지의 주민들에게까지 확장되지는 않았다. 불평등 철폐를 전면에 내건 기후정의운동 안에서도, 가장 급진적인 평등주의자들 가운데서도, 그 평등을 비인간 동물에까지 확장하는 것은 망설이는 사람들이 여전히 많다. 그렇다면 우리는 어떻게 자유와 평등을 보편적 권리로 확장해갈 수 있을까. 물론 북친이 든 사례들은 코뮌이라는 것이 없던 것을 만들어내는 것이 아니라 역사 속에서 무수히 시도되었고, 실제로 존재하기도 했던 것임을 말하기 위해서다. 그러나 역사의 선례는 언제나 배워야 할 것과 넘어서야 할 것을 동시에 가르쳐준다.

그런 점에서, 이제 그냥 생태주의를 주장하는 것을 넘어 '어떤 생태주의'로 갈 것인가를 고민해야 하듯이, 코뮌주의도 그것이 어떤 코뮌인가에 대해 토론해야 한다. 오늘날 생태주의 운동과 실천은 그 지점에 도착해 있다고 생각한다. '녹색 전환'이라는 기표 안에는 이제 녹색 성장주의, 녹색 복지국가, 녹색 사회주의가 다 들어 있으며 각각의 노선과 입장들이 경합하는 단계에 이르렀다. 게다가 지금은 자본도 누구보다 열심히 녹색의 미래를 고려하고 상상한다. 그러나 우리가 도달하고자 하는 미래가 재생에너지만 사용하는 RE100 Renewable Electricity 100% 공장에서 노동을 착취당하고, 생태적으로 안전하게 조절·통제되는 공간에서 24시간 감시당하며 살아가는 '녹색의 멋진 신세계'는 아닐 것이다. 전환의 상상력에서 '정치적인 것'을 빼놓을 때, 생태적 전환은 언제든 그런 사회로 떨어질 수 있다. 그래서 지금 기술적 상상력보다 더 중요한 것은 정치적 상상력이다. 북친이 말하는 사회를 바꾸자는 이야기는 도로를 바꾸고, 자동차를 바꾸고, 건물을 바꾸고, 에너지를 바꾸자는 이야기가 아니다. 우리는 교통 체계와 도시 계획을 바꿀 수 있다. 그러나 그것이 가능하려면 권력과 관계를 바꿔야 한다. 계급관계, 권력관계, 불평등 체제를 바꾸지 않는 생태적 전환이란, '생태적 한계 내에서 풍요로운 세계'로 가는 길에 '생태적 한계를 넘어서 착취당하는' 다른 세계를 그림자처럼 만들어낼 수밖에 없기 때문이다. 권력과 계급 투쟁, 지배구조와 정치 질서에 대해 말하지 않으면서 각각의 사회적 의제를 바라보고, 의제별로 모여서 운동의 장을 만들고, 해결책을 도출하고 거버넌스를 구축하면서, 우리는 극우 정치인, 인종차별주의자, 식민주의자, 전쟁 지지자들이 생태주의자, 페미니스트,

평화주의자, 동물권이나 성소수자 권리의 옹호자가 될 수
있는 시대에 도착했다. 지금 우리는 세계관으로서의 총체적
철학, 사회 전체를 조망하는 거대 담론과 정치적 이념을
폐기해버린 후, '다양성'과 '정체성'에 뒤섞여 거대한 혼동에
빠져버렸다.

이런 시대라면 코뮌도 아나키즘처럼 자본에 의해 전유될
수 있다. '탈정치화된' 코뮌 같은 것도 얼마든지 가능할
것이다. 또한 인간중심주의에 대한 비판에서 반인간주의가
쌍둥이처럼 생겨난 것처럼 '코뮌은 선, 국가는 악'이라는 단순
이분법에 빠져, 국가에 대한 비판이 맹목적인 반국가주의와
반정치주의로 흘러갈 수도 있다. 특히 지난 30여 년간 국가의
해체와 축소를 가장 적극적으로 주장해온 세력이 자본가라는
사실에 주의를 기울일 필요가 있다. 1990년대 신자유주의는
세계 모든 나라에서 정부의 축소를 요구했고, 자본은
누구보다 국가 비판에 앞장서며 정부 개혁을 촉구했다.
이것은 인민이 국가가 아니라 시장을 찾게 만들기 위해,
그리하여 국가가 공공재로 조달했던 많은 재화와 서비스를
시장 상품으로 만들기 위해 필수적인 과정이었다. 이처럼
자본이 주도하는 국가 해체가 여전히 진행되고 있는 시대에
'국가 해체'를 주장한다는 것은 자본이 원하는 지배 질서를

정당화해줄 위험마저 있다.

　코뮌주의를 현실로 가져오면 이렇게 복잡하게 중첩된
문제들에 봉착한다. 생태적 전환은 정치적 전환에 대한 논의
없이 가능하지 않고, 그 중심에는 '국가'를 어떻게 바꿔나갈
것인가, 또는 국가가 아니라면 우리는 어떤 정치공동체를
만들어나갈 것인가의 논의가 반드시 있어야 한다. 하지만
그동안의 기후 운동은 '산업 전환', '에너지 전환' 등의 논의에
치중하며 정치체제의 전환에 대해서는 간과해온 측면이
있다. 물론 '정치적으로 해결해야 한다'든가 '기후정치'가
필요하다는 말도 나오기는 하지만, 이때의 '정치'란 '국정'으로
축소된 개념에 불과하다. 현재의 '기후정치' 담론은 국가
질서에 참여하면서 기후위기를 해결할 국회의원을 뽑는
것, 국회에 '기후특위'를 만드는 것, 기후 정책을 만들고
제도화하는 것 이상의 제도정치적 차원을 넘어서지 못한
상태다. 이같은 접근은 '정치적 전환'을 현재의 국가 질서,
정치체제, 지배구조, 권력관계의 근본적 변화에 관한 논쟁이
아니라 선거제도, 내각제 개헌 등의 제도적 논쟁으로
소급·매몰시킨다.

　이런 현실에서 북친의 사회적 생태론과 코뮌주의는
생태와 사회, 정치와 자유에 대한 새로운 상상력과 논쟁점을

동시에 제공한다. 한편으로는 국가 기능이 마비되고, 다른 한편으로는 고도로 국가 중심적인 체제가 재구축되는 시점에서, 어떤 부분에서는 기후위기의 심각성이 생태주의 운동을 정치적으로 다시 급진화하고, 또 다른 부분에서는 생태위기를 탈정치화하려는 반정치적 생태주의의 반동이 나타나고 있는 지금, 북친이 제공한 쟁점들은 여전히 유의미한 현재성을 지닌다. 요즘은 사상을 좇는 데에도 트렌드에 민감하게 반응해 새로운 사상을 중시하는 경향이 있고, 누군가에게는 이 책도 지나간 시대의 사상으로 치부될 수 있을 것이다. 그러나 지금 우리가 봉착한 문제를 먼저 사유했던 이들의 궤적을 따라가며 오늘의 시간이 어디로부터 온 것인지 이해할 수 있다면, 과거를 돌아보는 것은 앞으로 나아갈 방향을 찾는 중요한 침로가 되어줄 것이다.

주

사회적 생태론이란 무엇인가?

1   Murray Bookchin, "Ecology and Revolutionary Thought" in *Post-Scarcity Anarchism*, Ramparts Press, 1971. 인용문 중 '상보성의 윤리'라는 표현은 다음의 글에서 추가된 것이다. Murray Bookchin, *The Ecology of Freedom*, Cheshire Books, 1982.

2   Neil Evernden, *The Natural Alien*, University of Toronto Press, 1986, p.109

3   Alan Wolfe, "Up from Humanism", *The American Prospect* winter, 1991, p.125.

4   Paul Radin, *The World of Primitive Man*, Grove Press, 1960, p.211.

5   Murray Bookchin, *The Ecology of Freedom*, Cheshire Books, 1982, p.29.

6   *Der Spiegel*, Sept. 15, 1991, pp.144-145

7   나는 일찍이 1964~1965년, 나의 글 〈생태론과 혁명 사상〉에서 이런 견해를 상세히 피력했다. 이 주장은 그 후의 생태운동 흐름에 밑거름이 되었다. 1965년의 글 〈해방의 기술을 위하여Toward a Liberatory Technology〉에서 기술에 대해 언급한 내용 역시 다양한 생태운동에 영향을 미쳤다. 나는 본래 '생태 기술'이란 용어를 썼는데, 이에 영향을 받은 이들은 다소 중립적인 표현인 '적절한 기술'이란 용어를 쓰고 있다. 언급한 두 글은 나의 책 《희소성 이후 시대의 아나키즘》에 실려 있다.

8   다음의 글들을 참고하라. Murray Bookchin, "The Forms of Freedom" in *Post-Scarcity Anarchism*, Ramparts Press, 1971; Murray Bookchin, "Patterns of Civic Freedom" in *From Urbanization to Cities*, Cassell, 1995.

코뮌주의 프로젝트

1   이 변증법에 대해서는 다음의 글을 참조하라. Karl Marx, *Grundrisse*, Penguin
     Books, 1939(칼 마르크스, 김호균 옮김, 《정치경제학 비판 요강》, 그린비,
     2007).

2   양자의 구별에 관해서는 다음의 글을 참고하라. Murray Bookchin, "Patterns
     of Civic Freedom" in *From Urbanization to Cities*, Cassell, 1995, pp. 41-43,
     59-61.

3   내가 리버테리언 지역자치주의에 대해 처음 이야기한 것은 1970년대
     초다. Murray Bookchin, "Spring Offensives and Summer Vacations",
     Anarchos 4, 1971. 이 문제를 좀 더 깊이 있게 다룬 나의 글은 다음과 같다.
     Murray Bookchin, "Patterns of Civic Freedom" in *From Urbanization to
     Cities*, Cassell, 1995; Murray Bookchin, *The Limits of the City*, Harper
     Colophon, 1974; Murray Bookchin, "Theses on Libertarian Municipalism",
     Our Generation 16(3-4), 1985; Murray Bookchin, "The Meaning of
     Confederalism", *Left Green Perspectives* 20, 1990; Murray Bookchin,
     "Libertarian Municipalism: An Overview", *Left Green Perspectives* 24, 1991.
     간단한 요점을 보기 위해서는 다음의 글을 참조하라. Janet Biehl, *The Politics of
     Social Ecology*, Black Rose Books, 1998.

4   이에 관해서는 다음의 글을 참조하라. Murray Bookchin, "The Ghost of
     Anarcho-syndicalism", *Anarchist Studies* 1(1), 1993.

5   노동자가 단순한 계급적 존재에서 시민으로 전환되는 과정에 대해 나는 여러
     글에서 언급했다. 대표적인 글들은 다음과 같다. Murray Bookchin, "Patterns
     of Civic Freedom" in *From Urbanization to Cities*, Cassell, 1995; Murray
     Bookchin, "Workers and the Peace Movement" in *The Modern Crisis*, Black
     Rose Books, 1987.

6   Aristotle, "Politics" in Jonathan Barnes (ed.), *The Complete Works of Aristotle*
     vol. 2, Princeton University Press, 1984, p. 1987.

7   Aristotle, 위의 글(강조는 필자 표시). 그리스 원문에 쓰인 어휘들은 다음의
     글을 참조하라. Aristotle, *Aristotle: Politics(Leob Classical Library Edition)*,
     Translated by H. Rackham, Harvard University Press, 1972.

8   Pyotr Kropotkin, *Memoirs of a Revolutionist*, Horizon Press, 1968,
     p. 393에서 재인용(포트르 크로포트킨, 김유곤 옮김, 《크로포트킨 자서전》,

우물이있는집, 2014).

9   스페인혁명기에 아나키스트들은 권력을 경멸했다. 이런 태도가 야기하는
     생생한 문제점을 다룬 다음의 글을 참조하라. Murray Bookchin,
     "Anarchism and Power in the Spanish Revolution", 2002. https://
     theanarchistlibrary.org/library/murray-bookchin-anarchism-and-power-in-
     the-spanish-revolution(검색일: 2024년 6월 12일).

10   칼 마르크스, 최형익 옮김, 《루이 보나파르트의 브뤼메르 18일》, 비르투출판사,
     2012. —옮긴이